Bien jouer au Golf

Bien jouer au Golf

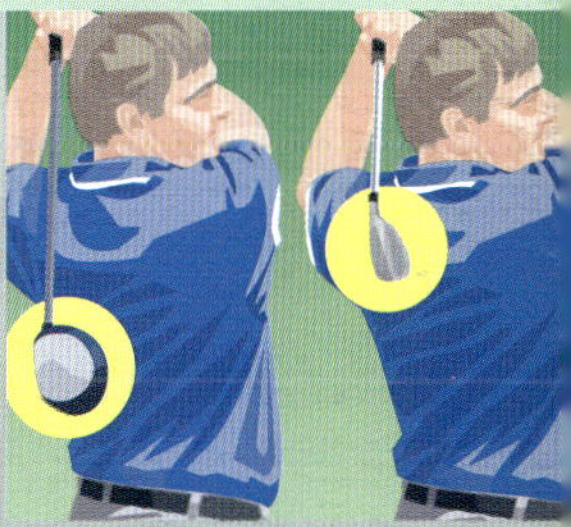

David Ayres et John Cook
Illustrations Graham Gaches

HACHETTE

Édition originale
Première publication à Singapour en 2002
par Page One Publishing (Pte) Ltd.
Titre original : *Improve your Golf IQ*

Illustrations : Graham Gaches
Photographies : Bob Atkins

Édition française
Traduction : Ghislaine Tamisier-Roux
Adaptation et réalisation : ACCORD, Toulouse

Couverture : Nicole Dassonville

Dépôt légal : mai 2003
23-70-6748-01-0
ISBN : 2-01-23-6748-8

Imprimé à Singapour par Star Standard
Industries (Pte) Ltd

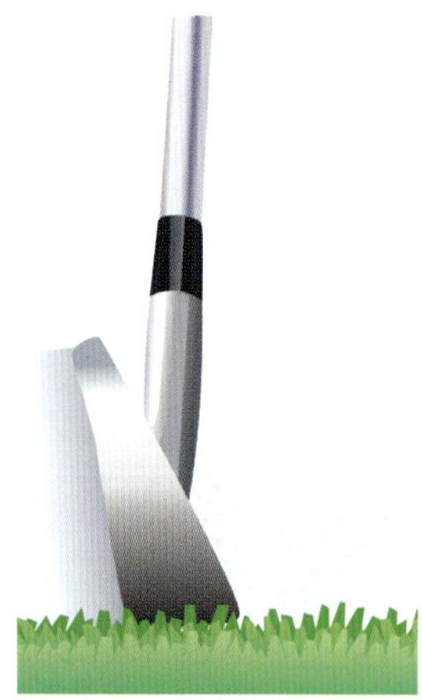

Sommaire

Introduction

ares sont ceux qui ne deviennent pas complètement « accro » après avoir goûté au plaisir de frapper la célèbre petite balle ronde alvéolée. Si tout le monde n'éprouve pas forcément les mêmes difficultés, personne, depuis le premier coup joué il y a 500 ans, n'a jamais pu croire que ce sport était facile à apprendre, ni n'a eu la prétention de le maîtriser parfaitement.

Si cela peut consoler tous les passionnés malchanceux, personne n'est parvenu à ce stade.

Même si vous réussissez brillamment un parcours, il y aura toujours un ou deux coups qui vous échapperont. Et c'est à mon avis ce qui fait tout l'intérêt du jeu. Quel que soit son niveau, le joueur ne sait jamais vraiment, en s'approchant du premier tee, s'il s'apprête à passer quelques heures de bonheur absolu ou de détresse infinie. Ce qui est sûr également, c'est que personne n'aime perdre. Ce qui ne veut pas dire qu'il faut prendre le golf trop au sérieux. Abordez toujours l'apprentissage, l'entraînement et le jeu dans la joie et la bonne humeur, car pour un amateur, l'intérêt du golf disparaît dès que cesse le plaisir.

L'effet de la trajectoire que décrit la tête du club dans la zone d'impact est expliqué dans le chapitre sur les bases du golf.

Si vous lisez ce livre, c'est que vous êtes sans doute déjà passionné par ce jeu ou sur le point de le devenir. En testant vos connaissances, cet ouvrage se propose de vous aider à savoir où vous en êtes.

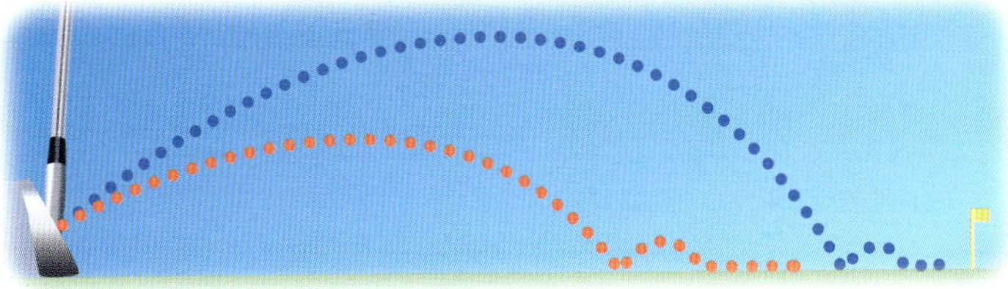

Vainqueur de quatre tournois organisés en Europe par l'Association des golfeurs professionnels (PGA), John Cook, mon complice dans cette aventure, est considéré comme l'un des meilleurs professeurs au Royaume-Uni. Spécialisé dans le petit jeu, cet entraîneur de l'équipe anglaise junior collabore également à la revue britannique *Today's Golfer*. Responsable de la partie pédagogique de ce magazine, je travaille depuis plusieurs années avec John dont j'apprécie énormément, tout comme nos lecteurs, les méthodes d'enseignement simples et efficaces.

À nous deux, j'espère que nous avons réussi à couvrir dans cet ouvrage tous les aspects du golf. Nos questions vous paraîtront parfois difficiles, mais vous apprendrez forcément quelque chose, ne serait-ce qu'en étudiant les bonnes réponses et les renseignements utiles qu'elles apportent.

Si vous voulez savoir où vous en êtes, prenez le temps de réfléchir aux questions avant de vous reporter aux solutions. Comme le golfeur, vous ne disposez que d'une chance pour donner la bonne réponse. Et maintenant c'est à vous de jouer !

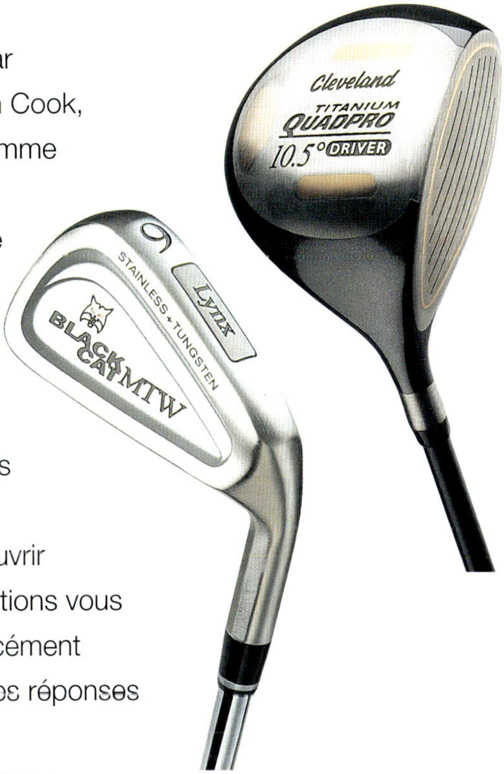

Utilisez-vous les bons clubs pour vos swings ? Vérifiez dans le chapitre consacré à l'équipement.

David Ayres

Responsable de la section pédagogique de *Today's Golfer*

PLUS
3

Équipement

1

Tous ceux qui jouent au golf depuis un certain temps savent que le matériel ne pourra jamais transformer à lui seul un mauvais joueur en un bon. Pourtant, des clubs mal adaptés et de mauvaise qualité peuvent vous compliquer la tâche. Les fabricants de matériel de golf ont su tirer parti des progrès technologiques de ces dernières années pour élaborer des produits qui vous facilitent la vie. En étudiant les questions de ce chapitre vous saurez si vous connaissez bien les effets que les divers types de balles et de clubs peuvent avoir sur votre jeu.

1.1 L’élément **décisif**

Le meilleur conseil que l’on puisse vous donner pour choisir vos clubs de golf est de n’en acheter aucun avant de l’avoir essayé. Peu importe si le matériel est vanté par un vendeur qui semble compétent, le tout est de savoir s’il vous convient personnellement.

Q1

Vous avez tendance à dévier la balle vers la droite sur une trajectoire assez basse. Ce problème est peut-être lié au grip de vos clubs. Si c’est le cas, c’est parce que votre grip est :

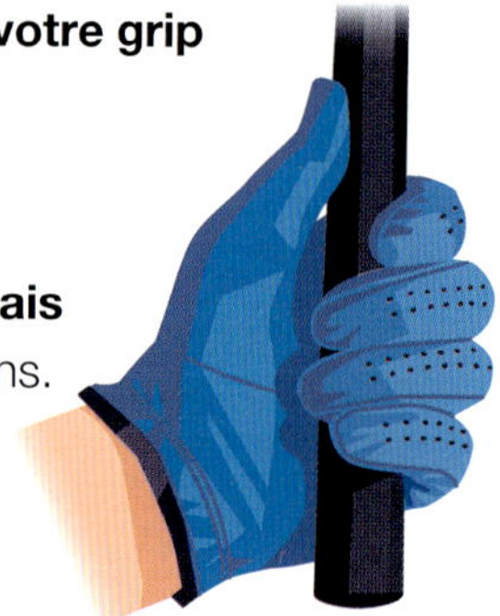

A Trop **épais** pour vos mains.

B Trop **fin.**

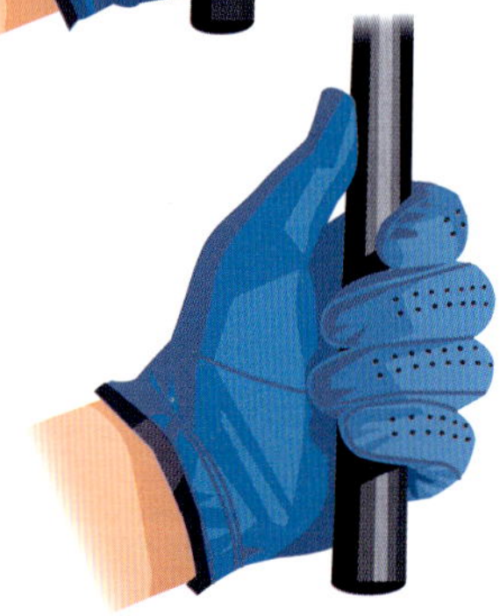

C En **plastique de mauvaise qualité** et non en caoutchouc, de sorte que vos mains glissent et s’ouvrent pendant le swing.

Q2

Le titane est le matériau de prédilection de nombreux grands fabricants de clubs métalliques, de drivers notamment. Quel est le principal atout de cet alliage moderne pour le joueur ?

A Il est plus **dur** que les autres métaux et il envoie donc la balle plus loin.

B Il permet de **façonner** des têtes de club plus aérodynamiques.

C Il est extrêmement **léger.**

Q3

Pourquoi les joueurs, surtout les seniors, utilisent le long putter lorsqu'ils commencent à être victimes des yips si redoutés ?

A Parce qu'ils doivent alors opter pour une **prise mains écartées.**

B Parce qu'il est alors plus facile de **viser**, ce qui diminue la tension à l'adresse.

C La tête est **plus lourde**, de sorte que le joueur doit la balancer plus lentement.

Q4

Vous venez d'acheter de nouveaux fers et découvrez que globalement vous lancez la balle moins loin qu'avec les anciens, que vos trajectoires sont plus basses et que vous imprimez moins de backspin (effet rétro) à la balle lorsque vous arrivez sur le green. Un joueur expérimenté avec un handicap peu élevé vous affirme que vous n'avez pas choisi les bons manches. Quel est le problème ?

A Ils sont **trop souples.**

B Ils sont **trop rigides.**

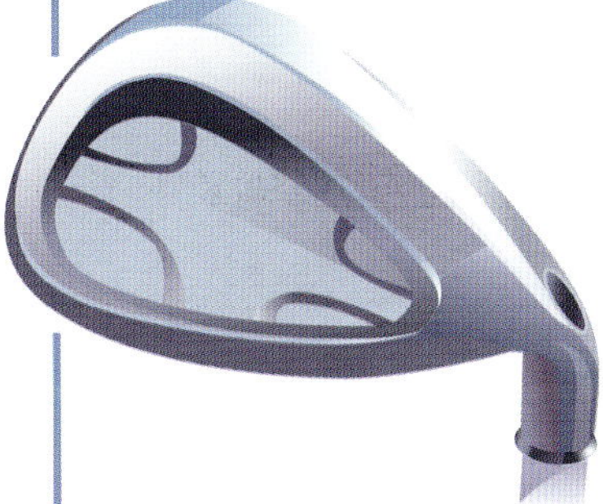

C À la différence de vos anciens clubs, ils sont **directement fixés dans la tête**, sans douille (hosel).

La prise est bonne lorsque les ongles de la main la plus haute touchent juste la partie charnue de la paume.

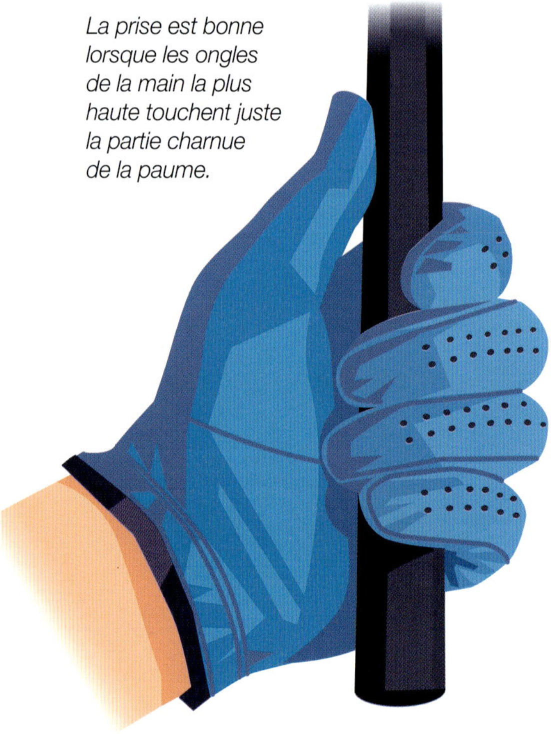

R1 Réponse A

Un grip trop gros a tendance à limiter le rôle des mains et à empêcher le joueur de transmettre correctement son énergie à la tête de son club dans la zone d'impact. La face du club a alors du mal à revenir dans une position perpendiculaire à la ligne de vol, à l'impact. Résultat : un swing filant à droite. Inversement, avec un grip trop mince les mains sont trop présentes, ce qui ferme la tête du club à l'impact et, par conséquent, dévie la balle à gauche. La prise est bonne lorsque les ongles de la main la plus haute touchent à peine la partie charnue de la paume.

R2 Réponse C

Bien qu'il présente aussi l'avantage d'être plus dur que le fer, le principal intérêt du titane réside dans sa légèreté. Les fabricants peuvent ainsi concevoir des têtes beaucoup plus grosses sans qu'elles soient trop lourdes pour autant, ce qui ralentirait le swing. La face d'un driver en titane étant plus volumineuse, la surface de frappe est elle aussi plus grande, ce qui facilite la tâche du joueur. Si certaines têtes de clubs atteignent 400 cm^3, les plus grosses risquent de rencontrer trop de résistance et de turbulence dans l'air. La plupart des grandes marques estiment aujourd'hui qu'une tête de club correcte mesure entre 300 et 360 cm^3.

Les fabricants préfèrent le titane qui permet de réaliser des têtes volumineuses et légères.

Écarter les mains permet d'éviter les yips, ces mouvements parasitaires des mains ou des poignets tant redoutés.

R3 Réponse A

Les yips (qui empêchent de réussir des putts courts) se produisent lorsque les mains ne forment plus un seul bloc sur le grip, mais agissent de façon opposée dans la zone d'impact, ce qui a pour effet de dévier la balle. Pour éviter ce défaut, écartez les mains ou puttez avec une seule main sur le club. Dans la mesure où le long putter exige une prise « mains écartées », il est quasiment impossible de donner ces mouvements parasitaires des mains ou des poignets si redoutés. De nombreuses personnes ont du mal à comprendre pourquoi les professionnels sont souvent confrontés à ce problème. C'est parce que les yips se produisent surtout en situation de stress, et la pression est proportionnelle aux enjeux financiers qui reposent sur les talents de putter des joueurs.

R4 Réponse B

Trop rigides pour la vitesse de votre swing, les manches des clubs ne peuvent donner l'effet de fouet nécessaire pour propulser la balle haut et loin. L'insuffisance du backspin, le mouvement de rotation arrière communiqué à la balle, est un autre symptôme du même problème. Un manche trop flexible aura l'effet inverse : la balle partira trop haut et sa trajectoire sera difficile à contrôler. Il existe trois grandes catégories de manche : stiff (rigide), utilisés par les joueurs au swing puissant donnant une grande vitesse de la tête du club, regular (normal), convenant à la plupart des joueurs et whippy (souple), parfaits pour les jeunes, les femmes et les seniors au swing plus lent. Selon les spécialistes, de nombreux joueurs se trompent en choisissant des manches trop rigides pour leur swing. Si vous ne savez pas quelle catégorie choisir, demandez l'avis d'un professionnel.

Votre jeu est fortement influencé par la rigidité du manche des clubs.

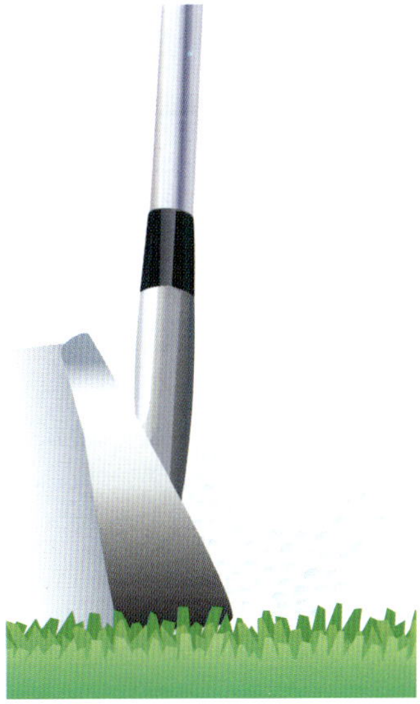

1.2 Les **trucs** du **métier**

Un grand nombre de débutants et de joueurs à handicap élevé croient à tort que leur équipement n'est pas complet s'ils n'ont pas un driver dans leur sac. La plupart verraient pourtant leur nombre de coups diminuer s'ils n'utilisaient pas ce club, le plus difficile à jouer.

Q5

Certains fabricants ajoutent à la tête de leurs clubs (fers ou bois) des inserts en tungstène et autres métaux lourds. Pourquoi ?

A Pour **mieux répartir le poids.**

B Pour **abaisser le centre de gravité** et aider le joueur à faire décoller la balle.

C Pour une meilleure **sensation**.

Q6

Un ami golfeur vous a offert un cadeau cher et original : un appareil de mesure électronique pour déterminer la distance jusqu'au drapeau. Avez-vous le droit de l'utiliser :

A **Tout le temps** ?

B **Entre amis** uniquement ?

C Seulement pour les **compétitions officielles** ?

Q7

Presque tous les grands fabricants utilisent une échelle pour déterminer le facteur de compression de leurs balles, qui est en général de 80, 90 ou 100. Qui a intérêt à utiliser des balles de compression 100 ?

A Les seniors, les femmes et les plus jeunes au **swing un peu lent.**

B Les joueurs au **swing puissant.**

C Monsieur et Madame **Tout-le-Monde.**

Q8

Lorsque vous choisissez un nouveau jeu de clubs, quelle est la mesure la plus fréquemment utilisée pour déterminer la bonne longueur du manche ?

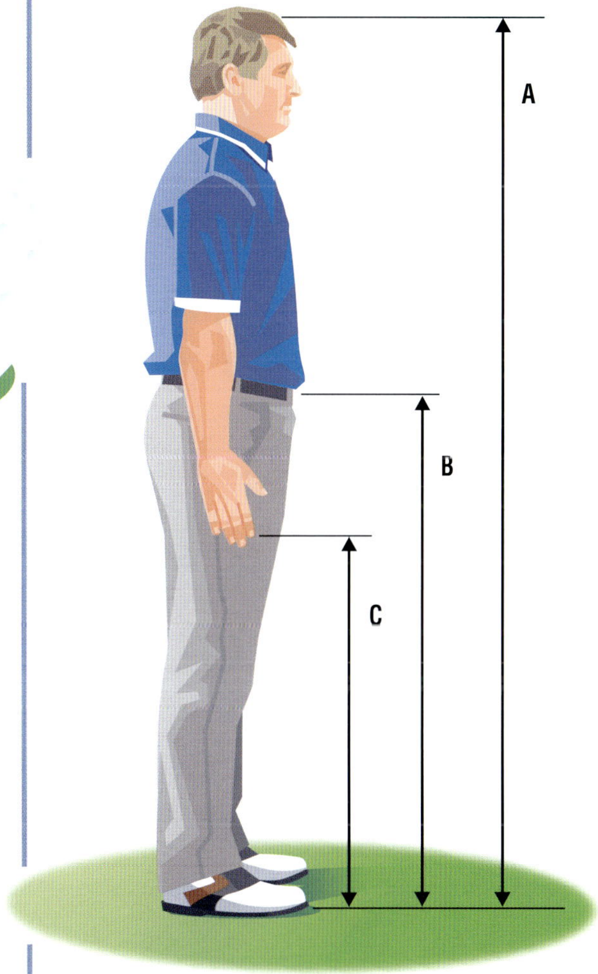

A La **taille** du joueur.

B La longueur de ses **jambes.**

C La distance comprise entre le **bout de ses doigts** et le sol.

Les inserts métalliques rendent les bois et les fers plus maniables.

R5 Réponses A B

En ajoutant des inserts de métaux lourds, les fabricants de clubs peuvent, d'une part concentrer le poids de façon à obtenir des têtes plus conciliantes envers les coups excentrés, et d'autre part abaisser le centre de gravité, ce qui permet au joueur de faire décoller la balle plus facilement. Autrefois, les artisans perçaient des trous dans la semelle des têtes en bois qu'ils bouchaient ensuite avec du plomb fondu. Les plaques métalliques d'aujourd'hui ont la même fonction. Grâce à l'informatique, les clubs actuels sont mieux équilibrés et plus sophistiqués que leurs ancêtres.

R6 Réponse B

L'utilisation des appareils de mesure électroniques ou autres est strictement interdite en compétition (à moins que le comité fasse une exception à la règle). Les caddies professionnels y ont souvent recours au cours des repérages qui précèdent les tournois pour déterminer ensuite plus facilement la distance jusqu'au drapeau depuis divers endroits. Dès que la compétition commence, ils laissent leurs appareils de mesure au vestiaire et repartent seulement armés de leur carnet.

Bien qu'ils soient fort utiles, les appareils de mesure sont strictement interdits pendant les compétitions.

Le degré de compression d'une balle ne fait pas référence à la dureté de son enveloppe, mais à la façon dont la balle dans son ensemble se comprime sur la face du club

R7 Réponse B

Seul un joueur qui génère un swing puissant et une grande vitesse de tête de club peut réaliser une performance optimale d'une balle de compression 100. La majorité des joueurs ont en revanche intérêt à utiliser une balle de compression 90, alors que les golfeurs au swing plus lent (en particulier les jeunes, les seniors et la majorité des golfeuses) gagnent à prendre une balle de compression 80 ou moins. De nombreux joueurs confondent la compression de la balle avec la dureté de son enveloppe. Une balle à forte compression (compression 100) n'a pas forcément une coque dure. La plupart ont même une couverture relativement tendre pour améliorer son toucher et les effets, notamment sur les petits coups joués autour du green.

R8 Réponse C

La distance entre le sol et l'extrémité des doigts de la main, le bras pendant naturellement le long du corps, est l'un des facteurs les plus importants pour adapter un jeu de clubs à un joueur donné. Les grands ayant souvent de longs bras, la distance sol-bout des doigts peut être identique à celle d'un joueur mesurant une bonne dizaine de centimètres de moins. Plusieurs autres facteurs sont bien évidemment pris en compte par le spécialiste pour fournir au joueur un jeu de sets qui lui convienne.

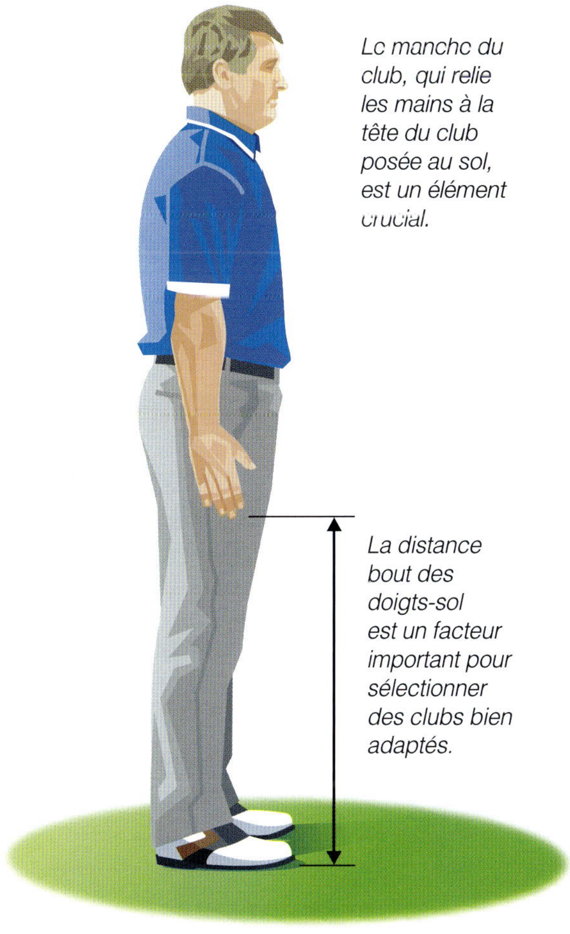

Le manche du club, qui relie les mains à la tête du club posée au sol, est un élément crucial.

La distance bout des doigts-sol est un facteur important pour sélectionner des clubs bien adaptés.

1.3 Mettre **les chances** de son côté

Selon la plupart des spécialistes en matière de matériel, la majorité des joueurs ne prêtent pas suffisamment attention à la souplesse du manche de leurs clubs, ni à l'état et à l'épaisseur de leur grip. Corrigez ces deux facteurs et vous améliorerez nettement vos chances de bien jouer.

Q9

Les bunkers du parcours que vous fréquentez habituellement ont du sable très fin et léger. Quel est le wedge le mieux adapté pour sortir la balle et la remettre sur le green ?

A Un sand wedge avec un **rebond très élevé.**

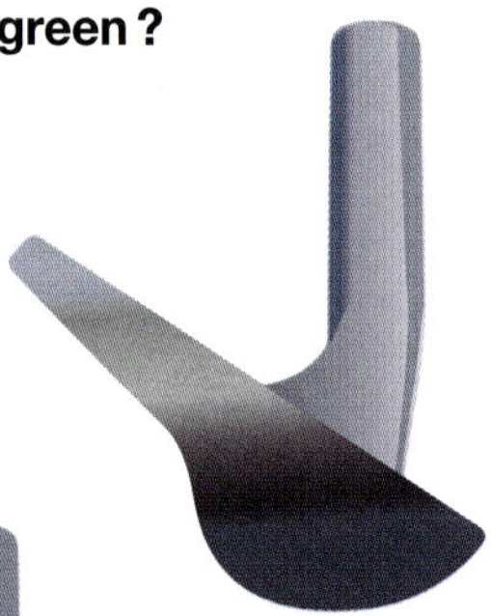

B Un sand wedge avec un **rebond très faible.**

C Un lob wedge **sans rebond.**

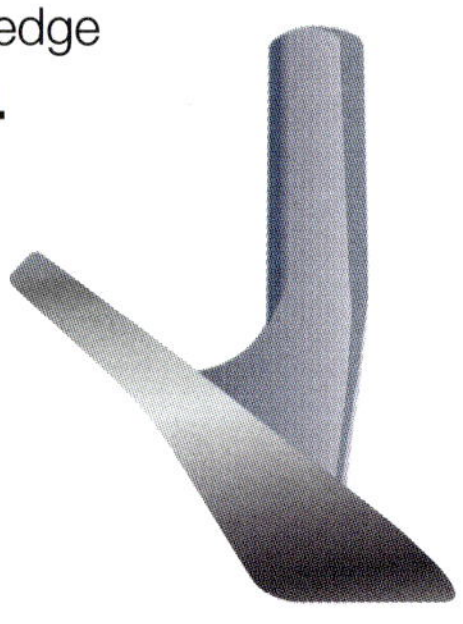

Q10

Il existe généralement trois modèles de tête pour les putters : à poids réparti sur la périphérie, à lame ou à tête de maillet. Quel est, de l'avis général, le geste de putting le plus adapté à celui à tête de maillet ?

A Le style « **rap** » (petits coups secs).

B Le geste « **low and slow** » (coup bas et lent).

C L'effet de **poignet.**

Q11

Bien que de nombreux amateurs jouent avec des clubs au manche en graphite, la grande majorité des professionnels préfèrent les manches en acier (sauf pour leurs drivers). Pourquoi ?

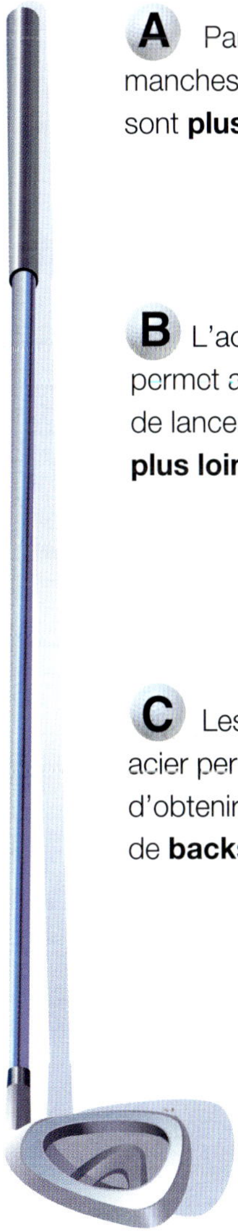

A Parce que les manches en acier sont **plus réguliers.**

B L'acier permet au joueur de lancer la balle **plus loin.**

C Les manches en acier permettent d'obtenir davantage de **backspin.**

Q12

Les professionnels et joueurs à faible handicap utilisent rarement les balles de longue portée. C'est le plus souvent parce qu'elles :

A N'ont pas assez de **toucher.**

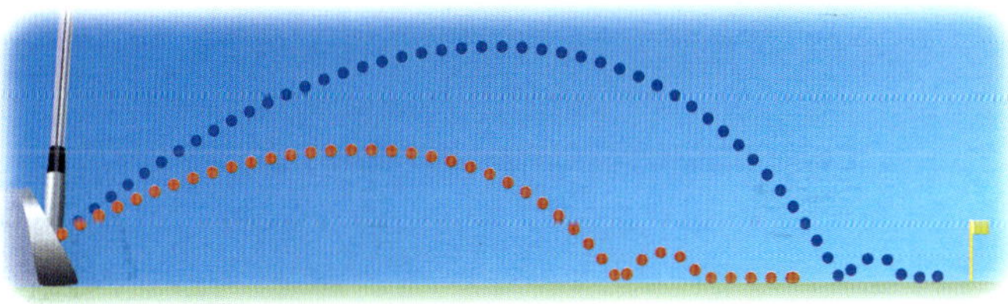

B Manquent de **hauteur** si on les frappe avec puissance.

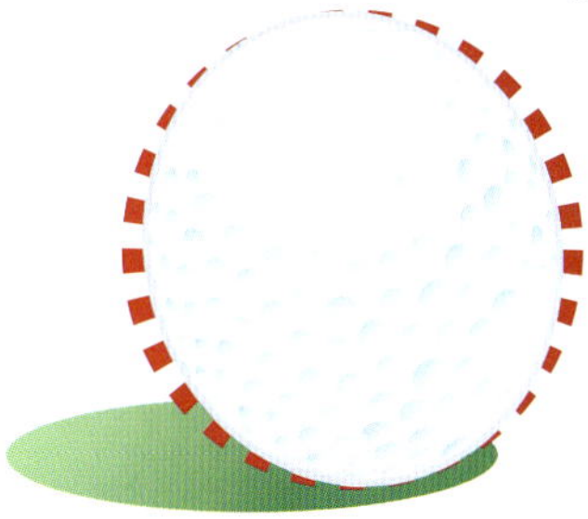

C **Se déforment** trop facilement.

Le bounce d'une tête de club détermine la profondeur à laquelle elle va s'enfoncer dans le sable.

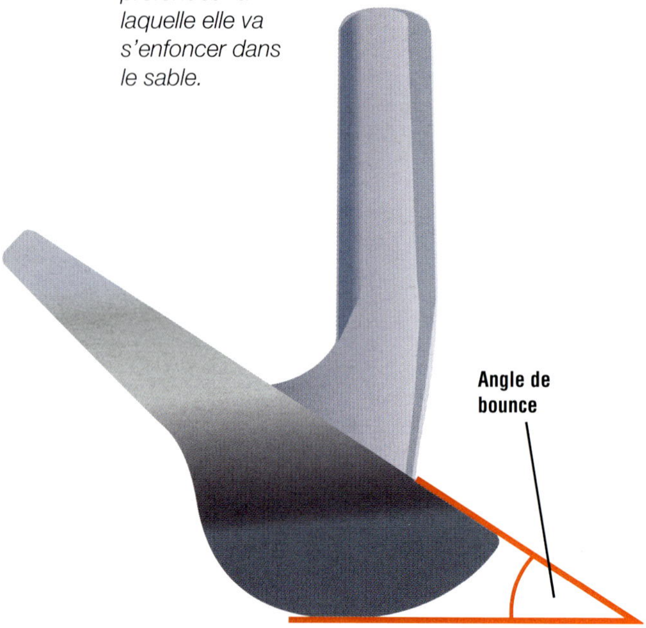

R9 Réponse A

Un sand wedge au bounce élevé (au moins 11°), pour éviter que le wedge s'enfonce trop profondément dans du sable fin et léger et ne parvienne pas à extraire la balle. Un sand wedge ou un lob wedge au bounce trop faible sont tout à fait inadaptés pour ce type de sable. Mais si la balle repose sur du sable dur ou mouillé, vous devez prendre un club différent. Un wedge avec du bounce glisserait sur le sable et le bord d'attaque frapperait la balle en son centre, l'envoyant sur le bord ou la dégageant du sable à faible hauteur sans bien la contrôler. Il est préférable d'opter pour le pitching wedge pour jouer ce coup.

R10 Réponse B

Le putter à tête de maillet est surtout conçu pour le joueur qui place sa balle très en avant dans son stance, remonte le club lentement vers l'arrière, près du sol, et a tendance à frapper la balle légèrement sur le upswing (il brosse la balle), ce qui la fait rouler vers le trou avec beaucoup de topspin. Les autres putters conviennent davantage aux joueurs qui donnent de petits coups secs à la balle. Ils transfèrent légèrement le poids du corps sur le pied gauche, ont tendance à monter la tête du club plus haut et à accélérer fortement, avec un follow-through réduit. Déterminez quel geste vous faites pour savoir quel type de putter vous convient le mieux.

Les putters à tête de maillet sont plus lourds que les putters classiques. Ils conviennent aux joueurs qui aiment placer la balle en avant dans leur stance.

R11 Réponse A

Effectivement, à de très rares exceptions près, les plus grands professionnels ont des clubs équipés de manches en acier (drivers exceptés). L'acier permet d'avoir une plus grande régularité que le graphite tant dans la longueur que dans la direction, ce que les pros recherchent avant tout. En ce qui concerne les drivers (et à condition que le parcours sur lequel ils jouent présente des fairways assez larges), ils sont parfois prêts à sacrifier un peu de précision pour avoir plus de puissance brute. En revanche, la plupart des amateurs cherchent à allonger leurs coups, aussi un grand nombre est-il passé aux manches en graphite ces dernières années.

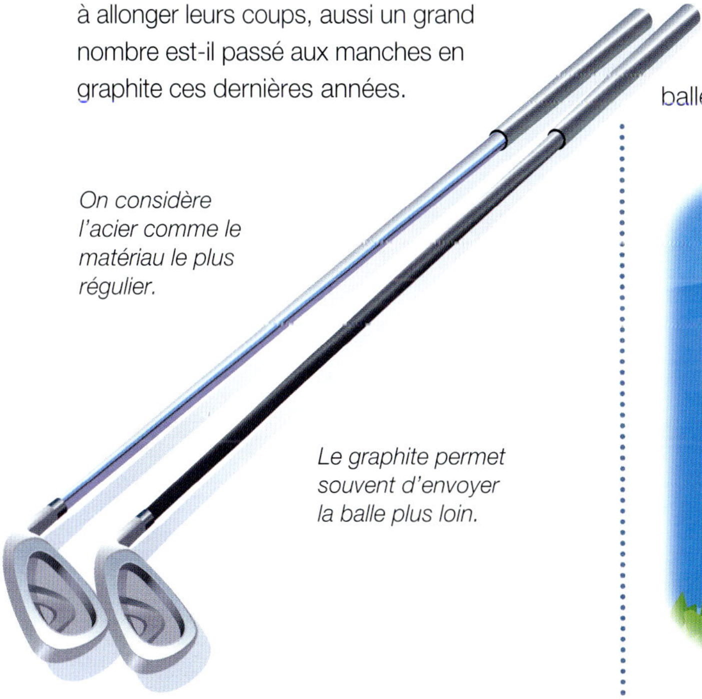

On considère l'acier comme le matériau le plus régulier.

Le graphite permet souvent d'envoyer la balle plus loin.

R12 Réponse A

Comme ils peuvent propulser la balle aussi loin qu'ils le souhaitent, la plupart des bons joueurs recherchent la qualité du toucher lorsqu'ils choisissent leurs balles. Ils apprécient, en particulier près des greens, de sentir la balle sur la face du club lorsqu'ils jouent un coup, ce qui est difficile à réaliser avec une balle de longue portée, car la plupart ont une enveloppe dure et ont tendance à rester moins longtemps en contact avec la face du club que celles à couverture tendre.

De plus, la plupart des nouvelles balles de longue portée permettent d'obtenir la même qualité de backspin que les balles à enveloppe plus souple.

Il est essentiel pour les professionnels et les joueurs à faible handicap de sentir le toucher de la balle sur la face du club, cela leur donne des informations précieuses sur la façon de la frapper.

1.4 Choisir le **bon putter**

Le putter est le club que l'on utilise le plus souvent (au moins 36 fois sur un parcours classique pour la plupart des amateurs). Son achat mérite que l'on y accorde beaucoup d'attention.

Q13

Le graphite est léger, il est en même temps réputé assurer une plus grande vitesse au niveau de la tête du club. Un troisième atout incite les joueurs à choisir ce matériau. Lequel ?

A Il absorbe les vibrations, ce qui **réduit les risques de blessure** aux mains et aux poignets.

B Il permet de propulser plus facilement la balle **en l'air**.

C Il permet aux joueurs d'avoir une plus grande **précision**.

Q14

Le talon de vos fers frappe généralement le sol en premier à l'impact, ce qui dévie vos coups vers la gauche. Le lie du club (l'angle que fait la semelle avec le manche) est :

A Trop **vertical.**

B Trop **plat.**

Q15

De nombreux fers et bois d'entraînement présentent un offset, l'extrémité de la tête du club se trouvant à l'arrière du hosel. Quel est le principal avantage de ce décalage pour un joueur à handicap élevé ?

A Cela permet d'augmenter la **vitesse de la tête de club**, donc de propulser la balle plus loin.

B Cela donne plus de **précision.**

C Cela permet au joueur de **soulever la balle** plus facilement.

Q16

Pourquoi les balles qui génèrent beaucoup de backspin (un effet recherché pour arrêter la balle rapidement sur le green) ne conviennent-elles généralement pas aux joueurs moyens ?

A Elles ne volent généralement **pas aussi loin.**

B Elles produisent également **beaucoup de sidespin.**

C Du fait de leur composition, elles sont facilement **déviées par le vent.**

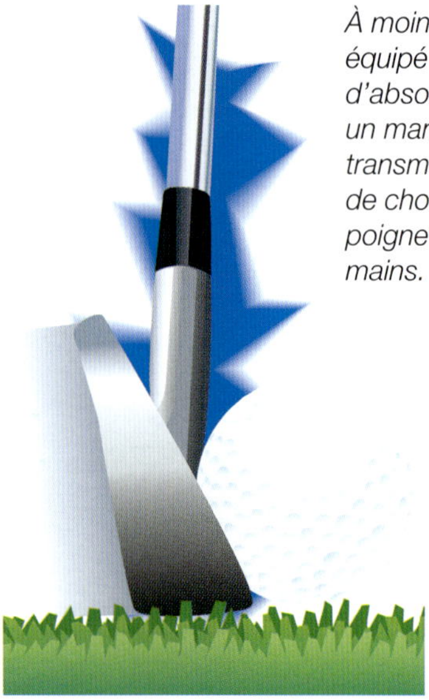

À moins d'être équipé d'un système d'absorption intégré, un manche en acier transmet les ondes de choc dans les poignets et les mains.

Un manche en graphite absorbe la plupart des ondes de choc.

R14

Réponse A

Si le club est trop vertical pour le joueur, le talon de la tête touchera d'abord l'herbe, ce qui aura pour effet de fermer la face et de dévier la balle vers la gauche de la cible. Si le lie (position de la balle au sol) est correct, la pointe de la tête est légèrement au-dessus du sol à l'adresse pour compenser la courbure qu'imprime le manche vers le bas pendant le swing. Contrairement à ce que l'on croit souvent, la taille du joueur n'a pas vraiment d'incidence sur la position de ses clubs. Les principaux éléments dont tiennent compte les spécialistes sont la longueur totale du club et sa position à l'impact.

R13

Réponse A

Des ondes de choc risquent de remonter le long du manche jusqu'aux mains lors de l'impact entre la tête du club et la balle. Le graphite absorbe généralement mieux ces ondes que l'acier. Les joueurs seniors ainsi que ceux qui souffrent d'arthrite ou d'anciennes blessures au poignet ou au coude ont donc intérêt à choisir un manche en graphite pour leurs clubs. Les grips ont également une influence sur l'absorption des chocs. De nombreux manches en acier sont maintenant équipés d'un système d'absorption des chocs intégré.

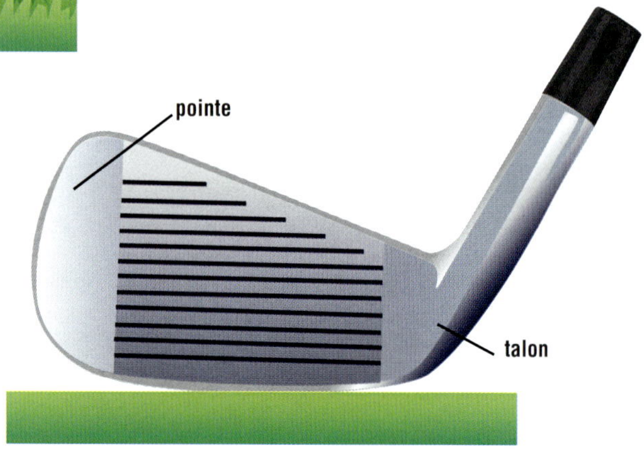

Il faut que la pointe de la tête soit légèrement soulevée du sol pour permettre au manche d'imprimer un effet de courbure vers le bas.

R15 Réponse C

Avec un offset, les fabricants de clubs reculent le centre de gravité par rapport au centre du manche. La balle est lancée plus haut, avec davantage de backspin pour une trajectoire plus haute. La plupart des clubs d'entraînement sont conçus avec un offset, tandis que les jeux de fers à lame traditionnels en sont pratiquement ou totalement dépourvus. Les clubs avec un offset renforcé donnent une trajectoire de vol de balle de la droite vers la gauche ce qui aide la majorité des joueurs à fort handicap à lutter contre leur habituel problème de slice.

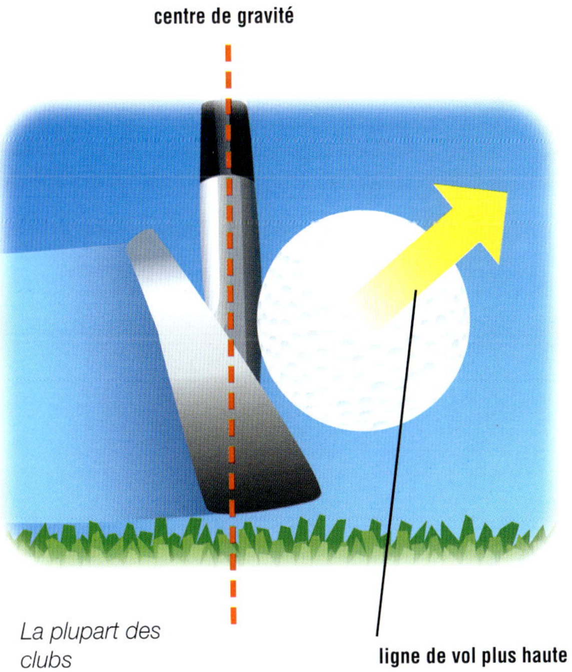

La plupart des clubs d'entraînement modernes présentent un offset.

R16 Réponse B

Soit une balle tourne beaucoup, soit elle ne tourne pas. On n'a jamais vu une balle tourner dans un plan, mais pas dans l'autre. Si une balle produit l'effet de rotation nécessaire pour s'arrêter rapidement sur le green, elle aura également tendance à « trancher » (slice) ou à « s'écarter » (draw) si elle n'entre pas en contact avec la tête de club square et si elle n'emprunte pas une trajectoire correcte dans la zone d'impact. Avant de choisir d'acheter des balles ballata, réfléchissez à l'endroit où elles risquent d'atterrir avant d'atteindre le green !

Une balle à fort effet rotatif a tendance à donner des slices ou des hooks regrettables.

2

Les bases

Observez attentivement les meilleurs golfeurs du monde. Quelles que soient leurs différences physiques et les particularités de leurs swings respectifs, ils ont tous un point commun : ils maîtrisent parfaitement ce que l'on appelle couramment les *bases*. Le grip ou prise, le stance, la visée, la position du corps et les éléments fondamentaux du swing sont en effet indispensables à tout golfeur digne de ce nom. Étudiez-les, apprenez-les et maîtrisez-les afin de ne plus jamais faire un parcours dans la frustration et la douleur. Commençons par faire le point : maîtrisez-vous vraiment les bases du golf ? C'est ce que ce chapitre se propose de vous aider à déterminer.

2.1 Acquérir **des bases solides**

On n'insistera jamais assez sur l'importance des quatre fondamentaux du golf : le grip (la prise), la visée, le stance (la position des pieds) et la posture. Lorsque vous les maîtriserez bien, vous aurez toutes les chances de devenir un bon golfeur.

Q1

Lors de l'apprentissage de la prise classique, on cite souvent comme point de repère le V inversé que forment le pouce et l'index de chaque main. Si vous êtes droitier, à l'adresse, la pointe de ce V doit être dirigée :

A Vers votre **menton.**

B Entre votre menton et votre épaule **gauche.**

C Entre votre menton et votre épaule **droite.**

Q2

Parmi les trajectoires de swing suivantes dans la zone d'impact, laquelle produit un hook (écart de la balle de la droite vers la gauche) lorsqu'elle est associée à un grip et un stance particuliers ?

A **De l'intérieur** vers l'extérieur.

B **De l'extérieur** vers l'intérieur.

C En **ligne droite.**

Q3

La position à demi en arrière (les bras parallèles au sol) permet de vérifier si la tête de club a été relevée square, c'est-à-dire à l'équerre, perpendiculaire à la ligne de vol. Vers où la pointe de la tête de club doit-elle être dirigée à ce stade du swing ?

A Vers le **ciel.**

B Vers **l'avant.**

C Vers **l'arrière.**

Q4

Les débutants se demandent souvent à quelle distance de la balle ils doivent se tenir à l'adresse pour un coup normal. La distance qui sépare l'extrémité du club et le sommet de la cuisse du golfeur doit être égale à :

A La largeur d'une main, le poing **fermé.**

B La largeur d'une main, les doigts **écartés.**

C La largeur de deux mains, le poing **fermé.**

2.1 Acquérir des bases solides

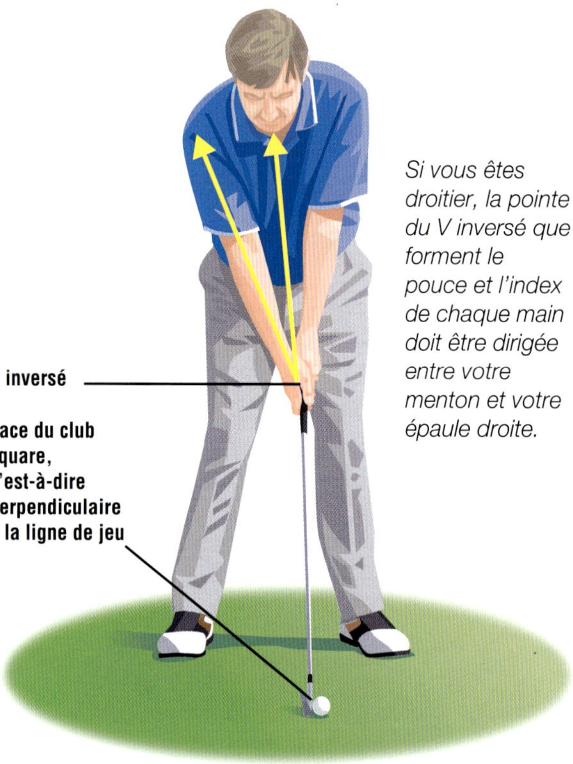

Si vous êtes droitier, la pointe du V inversé que forment le pouce et l'index de chaque main doit être dirigée entre votre menton et votre épaule droite.

R1 Réponse C

Lorsque vous regardez vos mains à l'adresse, la pointe du V inversé que forment l'index et le pouce de chaque main doit être dirigée entre votre menton et l'épaule droite pour que la face du club frappe la balle perpendiculairement à la ligne de vol. Si la pointe du V est dirigée vers le menton ou vers l'épaule gauche, on parle de grips ou de prises « faibles ». Dans ce cas, la face du club frappe la balle en position ouverte (vers la droite de la ligne de vol). Inversement, la tête du club va revenir au point d'impact en position fermée (dirigée vers la gauche de la ligne de vol) si le V inversé est pointé au-delà de l'épaule droite.

R2 Réponse A

Si la trajectoire de la tête du club dans la zone d'impact est un chemin intérieur-extérieur, en général associé à une prise ferme et à un stance fermé, la balle tournera dans le sens contraire des aiguilles d'une montre, ce qui la déviera dans l'air de la droite vers la gauche. Les débutants et des joueurs à fort handicap attaquent la balle par un chemin extérieur-intérieur, ce qui coupe la balle vers la droite, et réduit la distance parcourue. Dans la zone d'impact, la tête du club doit décrire un chemin intérieur-intérieur : aller directement de l'intérieur de la ligne de vol jusqu'à sa perpendiculaire au point d'impact, puis repartir vers l'intérieur.

Lorsque la tête du club parcourt un chemin intérieur-extérieur dans la zone d'impact, on obtient un hook.

Votre takeaway est correct si, à mi-course, la pointe de votre club est dirigée vers le ciel.

R3 Réponse A

Si la tête du club a été éloignée de la balle square, c'est-à-dire positionnée correctement, sa pointe doit être dirigée vers le ciel. Si elle est dirigée vers la cible, cela signifie qu'elle a été soulevée en position fermée, ce qui se traduira vraisemblablement par un hook, c'est-à-dire un écart vers la gauche. Si, en revanche, elle pointe en direction opposée de la cible, vos poignets ont sans doute « ouvert » la face de votre club, ce qui se traduira probablement par un slice, c'est-à-dire un écart vers la droite.

R4 Réponse B

Vous obtiendrez la distance à laquelle vous devez vous tenir par rapport à la balle à l'adresse en ajoutant une largeur de main les doigts écartés entre le grip du club et le haut de votre cuisse. Il est pratiquement impossible de bien frapper la balle si l'on en est trop près ou trop loin. Dans le premier cas, le swing est trop vertical et l'angle d'attaque trop fermé. Dans le second, le swing est trop plat et la tête du club risque de parcourir un chemin extérieur-intérieur dans la zone d'impact, générateur de slices.

À l'adresse, il faut se tenir à la bonne distance de la balle.

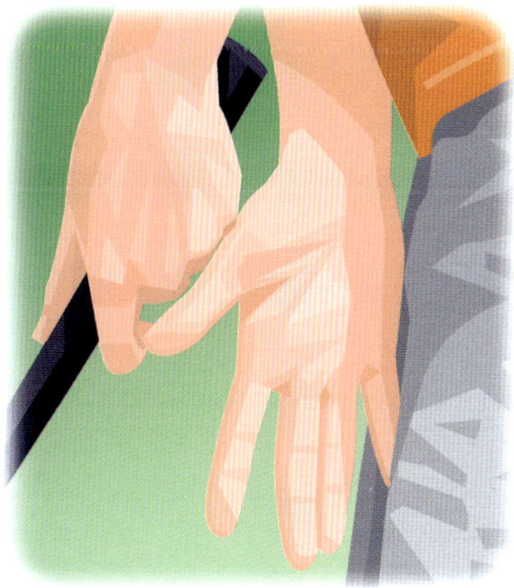

Pour savoir à quelle distance vous placer par rapport à la balle, mesurez une largeur de main les doigts écartés entre le grip du club et votre cuisse.

2.2 Ne pas négliger **son grip**

Pour les spécialistes, le grip est l'élément le plus important du golf, mais il est trop souvent négligé. Si une prise correcte permet à la tête du club de revenir sur la balle perpendiculairement à la ligne de vol, un mauvais grip déclenche des réactions en chaîne, et génère de multiples défauts au niveau du swing.

Q5

Vous commettez souvent l'erreur de frapper le sommet de la balle lorsque vous jouez avec un fer. L'une des causes possibles est la position de la balle à l'adresse. Elle se trouve sans doute :

A Trop près du pied **arrière.**

B Trop près du pied **avant.**

Q6

La distance qui sépare vos pieds à l'adresse est un facteur clé de votre équilibre général et cela peut avoir un impact important sur la façon dont vous frappez la balle. Quel est l'écart idéal pour un coup normal ?

A Inférieur à la largeur des épaules.

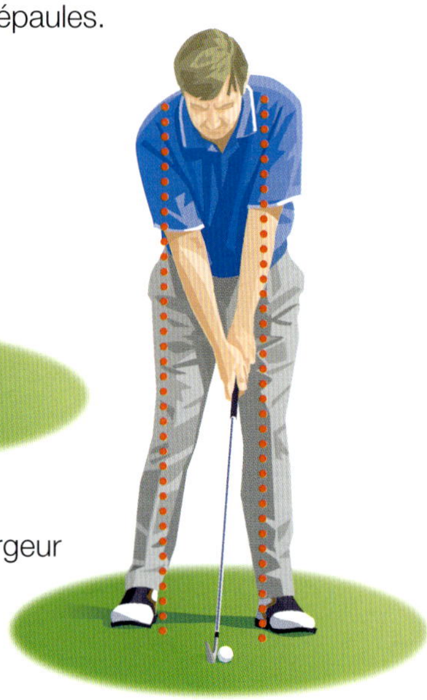

B Égal à la largeur des épaules.

C Légèrement **supérieur** à la largeur des épaules.

Q7

On parle beaucoup du sommet du swing et de l'endroit vers lequel la tête et le manche du club doivent être dirigés, mais à quel moment considère-t-on en général que le backswing (la montée) est terminé ?

A Lorsque le club est au moins **parallèle** au sol.

B Lorsque l'on ne peut **pas reculer davantage** la tête du club.

C Lorsque **l'épaule gauche** est pointée vers la balle.

Q8

Une mauvaise pression du grip est parmi les défauts les plus courants des joueurs débutants au moment du swing. Sur une échelle de 1 à 10 (1 étant la pression la plus faible et 10 la plus forte), quelle pression faut-il exercer pour tenir le manche de son club lorsque l'on joue un coup normal ?

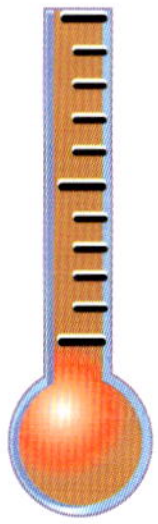

A Dix (manche très serré).

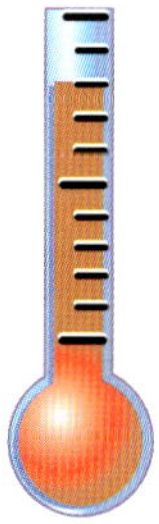

B Huit (serré).

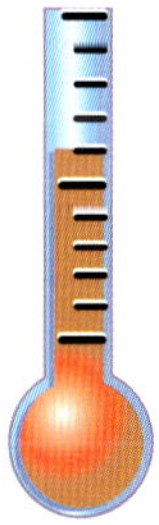

C Six (assez serré).

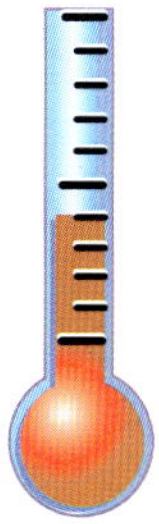

D Quatre (peu serré).

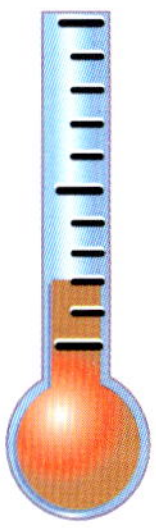

E Deux (pas serré du tout).

2.2 Ne pas négliger **son grip**

Ne mettez pas la balle trop en avant à l'adresse, car vous ne frapperiez que son sommet.

R5 Réponse B

Pour faire décoller la balle, bon nombre de joueurs, et notamment ceux qui ont un handicap élevé, placent la balle trop en avant, croyant ajouter un loft efficace à la face du club à l'impact. Tout ce qu'ils réussissent à faire, c'est à frapper le sommet de la balle alors que le club part de son point le plus bas dans la descente (la base de l'arc de swing) et commence à remonter au cours de la montée.

R6 Réponse B

Pour jouer un coup normal, écartez vos pieds à la largeur des épaules. Mesurez l'écart au niveau des talons et non de la pointe des pieds (qui sont souvent « en canard », ce qui entraîne une différence de plusieurs centimètres).
De nombreux joueurs mesurent l'écart des pieds au niveau des orteils. Ils ont alors les jambes trop serrées et ne peuvent pas résister à la torsion du buste. Cela entraîne un déplacement latéral excessif et déséquilibre le corps. Même si l'on se sent bien ancré dans le sol à l'adresse avec les talons écartés de plus de la largeur des épaules, cette position limite la rotation du bassin et du corps, rédusant la puissance potentielle.

Pour jouer un coup normal, l'écart entre les talons doit être égal à la largeur des épaules.

R7 Réponse C

La position de la tête du club au sommet du swing varie d'un joueur à l'autre, en fonction de l'âge et de la condition physique. De nombreux joueurs commettent l'erreur de vouloir amener le club trop en arrière, ce qui a pour effet de casser le rythme du mouvement, de trop déplacer le corps latéralement et de relâcher la prise. Le seul repère valable est l'épaule gauche : votre backswing est terminé lorsqu'elle est en face de la balle.

Sommet de la montée du swing

L'épaule gauche est un bon repère pour savoir jusqu'où monter son club en arrière.

R8 Réponse D

Tous les grands joueurs vous le diront, la grande majorité des débutants serrent trop leur club, ce qui crée une tension inutile dans leurs muscles et les empêche trop souvent d'effectuer un swing fluide et détendu. Sur une échelle de 1 à 10, vous devriez exercer une pression de 4 environ sur le grip.

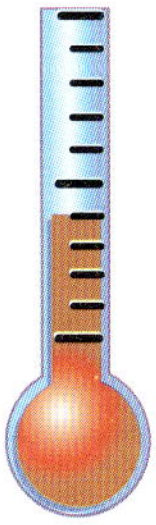

Quatre sur dix

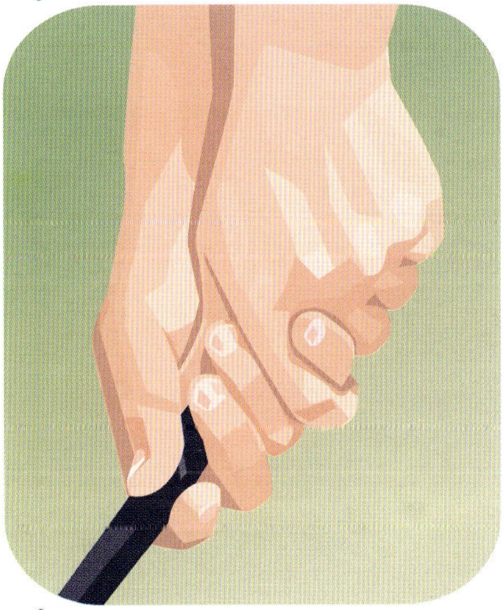

La pression exercée sur le grip doit être assez légère

Sur une échelle de 1 à 10, exercez une pression de 4 environ sur le grip du club, comme si vous teniez un oiseau dans vos mains, ou que vous pressiez un tube de dentifrice.

Tenir un oiseau

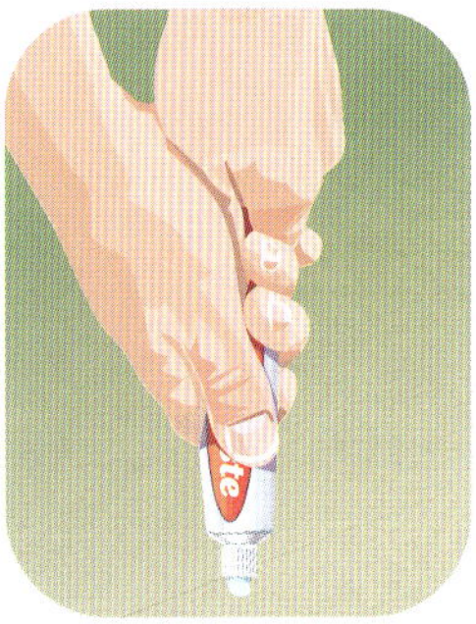

Presser un tube de dentifrice

2.3 La **visée**, élément-clé de la **réussite**

Il est essentiel de bien viser la cible. Dans le cas d'une mauvaise visée, la seule façon de frapper la balle dans l'axe est d'effectuer un mauvais swing. Les bons joueurs ne frappent jamais une balle sans s'assurer que la tête de leur club est bien placée derrière la balle.

Q9

Votre balle a atterri sur une pente assez raide, et elle sera plus haute que vos pieds lorsque vous jouerez le prochain coup. Quelle trajectoire pensez-vous qu'elle va prendre ?

A Haute.

B Basse.

C De gauche à droite.

D De droite à gauche.

Q10

De nombreux professeurs conseillent de pivoter le pied arrière vers la cible pour lutter contre un défaut très courant en matière de swing :

A Un swing trop **vertical.**

B Un swing trop **plat.**

C La tête du club remonte **trop en arrière** pendant la montée.

D Le club ne **remonte pas assez** pendant la montée.

Q11

Si un joueur coupe fréquemment la balle sur une trajectoire gauche-droite, c'est souvent parce qu'il ne place pas bien la balle à l'adresse. Elle est sans doute :

A Trop **en avant** de la ligne médiane.

B Trop **en arrière.**

Q12

Les professionnels ont recours au waggle (des petits mouvements de la tête du club d'arrière en avant) avant d'entamer leur swing. À quoi cela sert-il ?

A Ils peuvent ainsi vérifier qu'ils ont leur **grip** bien en main.

B Cela leur permet de **corriger la trajectoire** du takeaway (début de la montée).

C Cela **soulage les tensions** ressenties dans les mains, les bras et les épaules.

2.3 La **visée**, élément-clé de la **réussite**

La balle décrira automatiquement une trajectoire droite-gauche.

R9 Réponse D

Lorsque l'on a les pieds plus hauts que la balle, celle-ci adopte automatiquement une trajectoire droite-gauche. Comme c'est la ligne de vol la plus puissante, l'idéal est de jouer moins fort que d'habitude pour la distance recherchée et de contrer la trajectoire naturelle en visant à droite de la cible. Pensez également à tenir le grip plus bas de façon à raccourcir le club et à vous redresser un peu par rapport à votre position habituelle à l'adresse.

R10 Réponse C

Pivoter le pied arrière vers la cible à l'adresse et le maintenir ainsi pendant toute la durée du swing est une bonne solution pour les joueurs qui ont tendance à trop allonger l'arc de swing dans la montée arrière. Dans cette position, le pied et la jambe limitent la rotation du bassin et des épaules, ce qui évite que le club remonte plus haut qu'une ligne parallèle au sol. Certains joueurs se placent de cette façon pour limiter leur mouvement lorsqu'ils doivent jouer un coup qui ne nécessite pas un swing complet avec un club particulier.

Le fait de pivoter le pied arrière vers la cible permet d'éviter l'overswing dans la montée arrière.

Plus la balle est en avant à l'adresse, plus le risque de slice est élevé.

À l'adresse, vérifiez la position de la balle avec votre club.

R11 Réponse A

Lorsque la balle est trop en avant dans le stance, la tête du club adoptera sans doute une trajectoire extérieur-intérieur dans la zone d'impact. Si la face du club est en position ouverte, la balle sera certainement slicée, c'est-à-dire déviée de la gauche vers la droite. À l'adresse, la balle ne doit pas dépasser le talon du pied avant lorsque l'on utilise le driver. Vérifiez que la position de la balle ne vous fasse pas trop ouvrir les épaules, la tête du club suivrait alors un chemin extérieur-intérieur dans la zone d'impact. Pour quasiment tous les coups joués sur le fairway avec un bois ou un fer, la balle doit être placée entre l'intérieur du talon avant et le centre du stance.

R12 Réponse C

Le waggle est une bonne façon d'éliminer le plus grand ennemi d'un swing fluide et harmonieux : la tension dans les mains, les bras et les épaules. Il n'existe pas de règle pour le waggle : certains joueurs balancent la tête du club d'avant en arrière au-dessus de la balle une fois seulement, d'autres répètent l'exercice plusieurs fois avant d'initier le swing proprement dit. La grande majorité des joueurs à fort handicap, qui commettent l'erreur de remonter trop vite la tête de leur club vers l'arrière à l'adresse, devraient d'effectuer deux ou deux waggles assez lents avant le swing proprement dit. Cela leur permettrait de démarrer leur swing en douceur, de façon plus équilibrée.

La tension dans les mains, les bras et les épaules (à gauche) est mauvaise pour le swing. Balancez doucement le club d'avant en arrière avant le swing.

2.4 Bien **se placer** au départ

Pour pouvoir placer correctement la balle à l'adresse, il faut bien positionner son corps et ses pieds. Le joueur peut alors effectuer un swing fluide et harmonieux qui propulsera la balle en direction de la cible.

Q13

Pour lancer la balle en ligne droite, les pieds, le bassin et la ligne des épaules doivent être parallèles à la trajectoire prévue. Mais à quel moment doit-on placer ses mains sur le grip ?

A **Avant** de se placer à l'adresse.

B **Après** s'être assuré que les pieds, le bassin et la ligne des épaules sont bien alignés.

C En plaçant d'abord une main sur le grip, en vérifiant que le bord d'attaque de la face du club est square **(perpendiculaire à la cible)**, puis en mettant l'autre main.

Q14

Pour que la tête du club décrive un chemin correct dans la zone d'impact et qu'elle ait la puissance désirée, la transition entre les phases de remontée et de descente du swing doit se faire en douceur. Lorsque la tête du club est arrivée au sommet du swing, que faut-il faire pour initier la descente ?

A Déplacer le poids du corps vers la **gauche.**

B **Pivoter** les épaules vers la cible.

C **Abaisser** le bassin.

Q15

Le plan de swing est crucial : si la tête de club ne remonte pas assez, elle adoptera un chemin extérieur-intérieur dans la zone d'impact et le swing sera flat (à plat) ; si la montée est trop verticale, l'angle d'attaque de la balle sera trop fermé. Vers où l'extrémité du club doit-elle être pointée lorsque le bras gauche (pour un droitier) est parallèle au sol pendant la descente ?

A **Entre** la balle et les pieds.

B **Au-delà** de la balle.

C **Vers** la balle.

Q16

On voit souvent les bons joueurs effectuer un exercice qui consiste à balancer le club d'avant en arrière, l'extrémité du club légèrement enfoncée dans leur nombril et les mains en-dessous du grip. Pourquoi font-ils cela ?

A Pour déterminer **à quelle distance** de la balle ils se tiennent.

B Pour s'assurer que le grip **reste square** lorsque les mains saisissent le club plus bas.

C Pour savoir si leur **takeaway** (début de la montée) est correct.

2.4 Bien **se placer** au départ

R13 Réponse A

Vous devez saisir correctement le grip de votre club avant de poser la tête du club derrière la balle et de vous placer perpendiculairement à celle-ci. Si vous fixez votre cible après avoir placé la tête de club derrière la balle à l'adresse, vous aurez tendance à dévier la face de votre club, qui sera alors orientée vers la gauche ou vers la droite de la cible dans la zone d'impact.

R14 Réponse A

Pour passer de la montée à la descente, vous devez commencer par basculer le poids du corps sur la jambe gauche. Les bras sont alors entraînés vers le bas, et la tête du club adopte un chemin intérieur-square-intérieur dans la zone d'impact. Les mauvais joueurs commettent souvent l'erreur de commencer leur backswing en pivotant les épaules, ce qui se traduit par un « lancer des bras », semblable au lancer de la canne à pêche. La tête de club décrit un chemin extérieur-intérieur dans la zone d'impact, ce qui donne un slice.

R15 Réponse C

Pour trouver le bon plan de swing, pointez l'extrémité du manche du club vers la balle lorsque le bras gauche (pour un droitier) est parallèle au sol dans la descente. Si l'extrémité du club est dirigée vers un point situé entre la balle et vos pieds, le plan est trop vertical. Cela oblige à se pencher au lieu de pivoter et à frapper la balle avec un angle trop fermé à l'impact. Si l'extrémité du club est dirigée vers un point situé au-delà de la balle, le plan de swing est trop flat. Le swing est lui aussi trop plat, la tête du club emprunte un chemin extérieur-intérieur, ce qui se traduit par un slice.

Voici une façon simple de déterminer un bon plan de swing.

Un excellent exercice pour synchroniser la montée.

R16 Réponse C

Vous devez synchroniser les mouvements des bras et du corps lorsque vous éloignez la tête du club de la balle. Suivez l'exemple de David Leadbetter et de Nick Faldo, et pratiquez l'excellent exercice suivant : adoptez votre stance habituel, puis placez l'extrémité du manche de votre club au niveau du nombril. Saisissez le manche assez bas et amenez le club en arrière. En maintenant le manche du club légèrement enfoncé dans le nombril, assurez-vous que le balancement du bras et la rotation du corps sont simultanés. Lorsque vous jouez, essayez d'effectuer une montée aussi synchrone.

3

Long jeu et jeu moyen

Pour un golfeur, il n'est guère de plus grand plaisir que la vue d'une balle qui fuse depuis la face d'un bois ou d'un long fer, s'élève dans le ciel d'azur, puis vient se poser au milieu du fairway ou du green, si bien sûr c'est la sienne et pas celle de son adversaire ! Avoir un bon long jeu est sans aucun doute ce dont rêvent tous les golfeurs. Mais, dans ce domaine, technique et connaissances l'emportent toujours sur la force. Vérifiez dans les pages qui suivent si votre ignorance nuit à votre précision et vous fait perdre quelques précieux mètres sur le parcours.

3.1 Gagner de la **distance** en douceur

La plupart des joueurs qui ne sont pas satisfaits de leur long jeu commettent l'erreur d'essayer de frapper la balle au lieu de la « traverser » avec la tête du club (le follow-through). C'est l'acquisition de la maîtrise des bases et de la technique qui vous permettra de gagner en distance, pas la force.

Q1

Les efforts que vous fournissez avec le driver ne sont pas à la hauteur de vos attentes, la balle est souvent déviée vers la droite (slice) et atterrit moins loin que prévu. La hauteur à laquelle la balle est posée sur le tee peut avoir un impact sur sa trajectoire. Pour résoudre ce problème, essayez de :

A La **relever.**

B La **baisser.**

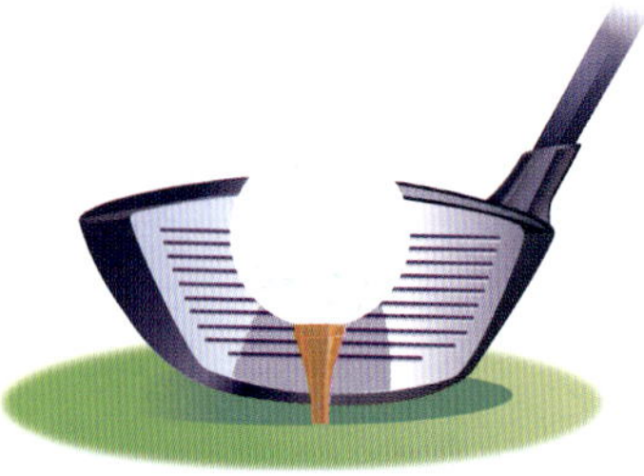

C **Ne pas utiliser** de tee.

Q2

On part généralement du principe que les orteils du pied avant doivent être tournés vers la cible à l'adresse. Où faut-il placer la balle pour obtenir le coup le plus long possible avec un driver ?

A En face des **orteils du pied avant.**

B En face du **talon du pied avant.**

C Un peu **à l'avant** d'une ligne médiane imaginaire.

D **Au centre** du stance.

Q3

Pour tirer au maximum parti d'un fairway large et parfaitement sec, que pouvez-vous faire pour augmenter la potentialité de roulement de la balle et donc gagner en longueur ?

A Effectuer un **swing plus vertical** et frapper la balle avec un angle plus fermé.

B Adopter une **prise plus ferme** à l'adresse.

C **Serrer** davantage vos pieds à l'adresse.

Q4

Bien que ce soit assez difficile et déconseillé aux débutants et aux joueurs à fort handicap, il est parfois très utile, sur un long trou, d'utiliser le driver sur le fairway. Parmi les six points ci-dessus, quels sont les trois qu'il faut respecter pour réussir son coup ?

A Adopter une prise **plus ferme** que la normale à l'adresse.

B Adopter une prise **moins ferme** à l'adresse.

C Placer la balle **au même endroit** que lorsque l'on utilise un tee.

D Poser la balle **un peu plus en arrière** que lorsqu'on utilise un tee.

E **Bien répartir** le poids du corps sur ses deux pieds à l'impact.

F **Transférer** le poids du corps sur le pied avant à l'impact.

R1

Réponse A

Lorsque la balle est trop basse (plus basse que le haut de la face du driver), la face du club l'attaque presque toujours avec un angle trop fermé sur un chemin extérieur-intérieur, ce qui se traduit par un slice, la balle étant déviée vers la droite. Les bons joueurs posent la balle sur le tee bien au-dessus de la tête du club pour essayer d'obtenir un chemin all square dans la zone d'impact et un léger draw qui allonge le roulement de la balle au sol.

En surélevant la balle, on évite de l'attaquer avec un angle trop fermé et on obtient généralement un effet de draw.

Pour pouvoir lancer la balle le plus loin possible, placez-la dans l'alignement du talon du pied avant à l'adresse.

R2

Réponse B

Lorsqu'on est au départ avec le driver, on frappe la balle alors que la tête du club a dépassé la base de l'arc qu'elle a décrit en descendant, et qu'elle commence juste à remonter dans le follow-through. Dans ce cas, la balle doit être posée sur le tee dans l'alignement du talon du pied avant. L'erreur la plus fréquente consiste à la placer trop en avant, ce qui peut entraîner une trop grande ouverture des épaules, et donc faire décrire à la tête du club un chemin extérieur-intérieur dans la zone d'impact. En revanche, en posant la balle trop en arrière par rapport au stance, on obtient un angle d'attaque trop fermé, auquel s'ajoute souvent une trajectoire basse.

Une prise ferme, avec trois phalanges de la main gauche bien en place à l'adresse, contribue à allonger le chemin parcouru par la balle.

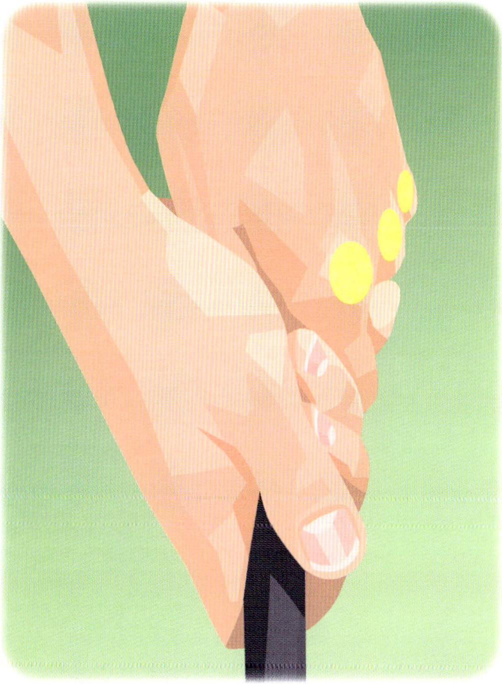

R3 Réponse B

Tenir plus fermement le grip de façon à ce que, pour un droitier, trois phalanges de la main gauche au moins soient visibles à l'adresse, réduit le loft du club à l'impact et favorise un chemin « hooké » (déviation de la droite vers la gauche). C'est l'effet recherché dans le cas d'un long trou sur terrain sec, dans la mesure bien sûr où le fairway est assez large pour qu'une telle trajectoire ne fasse pas sortir la balle. Ne confondez pas « grip plus ferme » et « grip plus serré ». Un grip plus ferme signifie que sur le manche, vos mains sont plus tournées vers l'épaule arrière.

R4 Réponses B C & F

Il est rare qu'un joueur soit amené à utiliser un driver sur le fairway. Bien que ce coup soit déconseillé aux débutants et aux joueurs au handicap élevé, les golfeurs plus compétents ne doivent pas en avoir peur, dans la mesure où ils respectent les trois points suivants : ne pas laisser monter la tension ce qui les pousserait à plus serrer le club qu'à l'accoutumée ; à l'adresse, placer la balle exactement au même endroit que si elle était posée sur un tee (dans l'alignement du talon du pied avant) ; enfin, effectuer leur swing habituel et penser à transférer le poids du corps sur le pied avant à l'impact pour éviter que la balle monte trop.

Respectez ces trois règles d'or et vous pourrez utiliser votre driver sur le fairway.

3.2 Comment **se faciliter** la vie

Pour jouer un long coup sur un parcours, vous avez généralement le choix entre plusieurs solutions. Prenez toujours un club que vous maîtrisez bien plutôt que de chercher la difficulté avec un club que vous connaisez moins.

Q5

C'est en transmettant son énergie au club dans la zone d'impact que l'on détermine la vitesse de la tête du club et la distance que parcourra la balle. Parmi ces réponses, quelle est celle qui permet à un droitier de bien effectuer ce transfert d'énergie ?

A **Écarter** davantage les avant-bras dans la zone d'impact.

B **Conserver** la position des avant-bras adoptée à l'adresse dans la zone d'impact.

C Amener **l'avant-bras droit** sur l'avant-bras gauche à l'impact.

Q6

En compétition et lorsque vous voulez effectuer un coup long (de plus de 160 m) du fairway vers le green, il est conseillé aux débutants et aux joueurs à handicap élevé d'utiliser :

A Un **bois de parcours.**

B Un fer **long.**

Q7

Le genou de la jambe arrière a un rôle important à jouer dans le swing. S'il doit être fléchi à l'adresse et au sommet de la montée, que faut-il faire au début de la descente ?

A Ne **rien changer.**

B **Tendre** la jambe.

C **Fléchir** davantage.

Q8

Il est recommandé à certains joueurs de soulever le talon pendant la montée et de le laisser soulevé jusqu'au début de la descente. De quels joueurs s'agit-il ?

A Les seniors.

B Les jeunes.

C Les joueurs plutôt corpulents.

D Les joueurs plutôt minces.

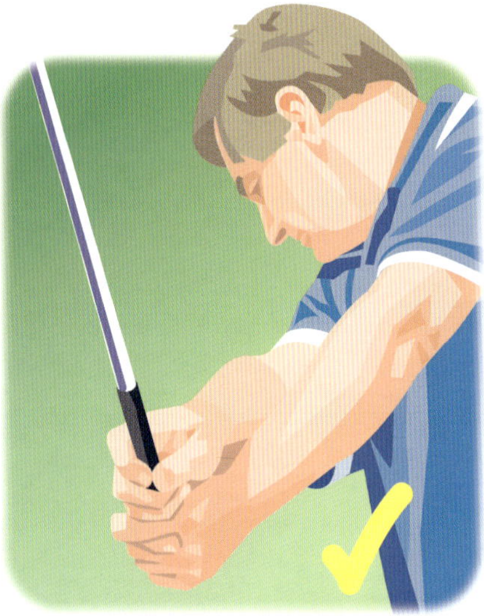

En transmettant bien son énergie à la tête de son club dans la zone d'impact, le joueur a davantage de chances de propulser sa balle à la distance souhaitée.

R5 Réponse C

C'est en amenant votre avant-bras droit sur le gauche à l'impact que vous donnerez à votre club sa vitesse maximale, gage d'un swing optimal du point de vue de la longueur. Lorsque le transfert d'énergie ne s'effectue pas correctement, les avant-bras restent écartés et la face de la tête du club est très souvent tournée vers le ciel dans la première moitié du follow-through.

R6 Réponse A

Mis à part le driver, les fers longs sont généralement considérés comme les clubs les plus difficiles à utiliser. Durant une compétition, les débutants et les joueurs à handicap élevé ont intérêt à choisir un bois de parcours. Ces clubs ont davantage de loft, et leur semelle est beaucoup plus « tolérante » que celle des fers longs. Lorsque le résultat du coup est sans enjeu, profitez-en pour améliorer la maîtrise des fers longs, car les bois de parcours sont inutilisables lorsqu'il y a du vent.

Pour la plupart des joueurs, il est moins risqué d'utiliser un bois de parcours qu'un fer long.

Une flexion correcte du genou droit vous aidera à effectuer un bon swing.

R7 Réponse A

La flexion du genou arrière depuis l'adresse jusqu'au sommet de la montée aide les jambes à résister à la rotation du buste afin de créer une torsion puissante, évite un déplacement latéral non souhaitable et élimine tout overswing. La jambe est maintenue fléchie pendant tout le début de la descente pour que l'angle d'attaque de la balle ne soit pas trop fermé et que la tête du club n'est pas une trajectoire trop basse. Évitez d'avoir la jambe arrière tendue et raide pendant toute la durée du swing car cette attitude est à l'origine d'une multitude de mauvais coups.

R8 Réponses A & C

Les joueurs qui ne sont pas très souples pivoteront plus facilement leur buste en soulevant le talon du pied avant pendant le backswing (la montée). C'est donc un conseil fort utile pour les seniors et ou les personnes corpulentes. Une fois atteint le sommet du swing, reposez le talon à terre : cela facilite le transfert du poids du corps vers la cible, qui amorce le downswing (la descente).

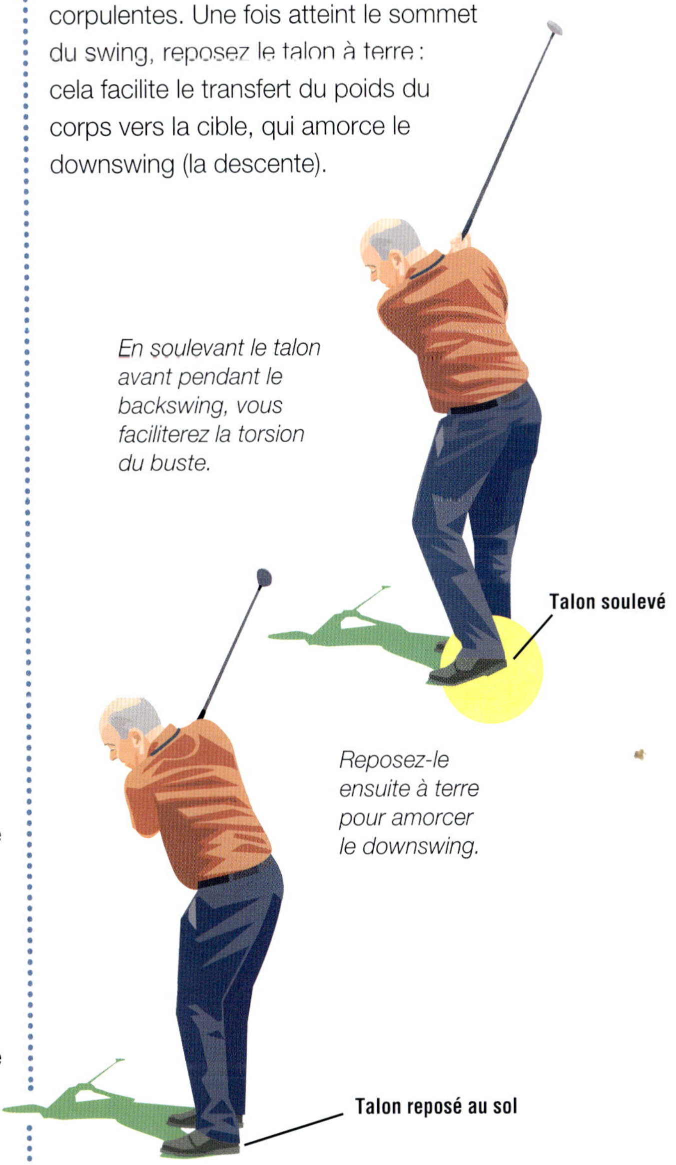

En soulevant le talon avant pendant le backswing, vous faciliterez la torsion du buste.

Reposez-le ensuite à terre pour amorcer le downswing.

3.3 Enroulement en **amplitude**

En résistant à la rotation du buste, les jambes et la partie inférieure du corps créent un enroulement du corps qui permet de jouer un coup de longue portée. Lors de cet enroulement, le bassin pivote de 45° environ alors que les épaules effectuent une rotation de 90°.

Q9

Si vous avez l'habitude d'utiliser 75 % de votre force ou de votre vitesse potentielle lorsque vous jouez avec un full wedge, quel pourcentage devez-vous mobiliser avec le driver ?

A 85%

B 75%

C 65%

Q10

On conseille souvent aux joueurs au swing assez lent d'utiliser un bois 3 à l'adresse plutôt qu'un driver. C'est parce que :

A Le bois 3 est spécialement adapté aux **swings lents.**

B S'il ne la frappe pas avec une **vitesse suffisante,** le driver ne propulse pas la balle assez longtemps dans l'air.

C Les joueurs au swing lent ont tout intérêt à utiliser **le bois 3,** plus facile à manier, puisque même avec un driver, ils atteignent rarement le green d'un Par 4 en deux coups.

Q11

Votre balle a atterri dans un bunker à environ 180 mètres du green. Elle repose sur le sable et il n'y a aucun rebord à aplanir. Vous décidez de tenter le coup avec un bois de parcours, vous devez donc à l'adresse :

A **Bouger** les pieds jusqu'à ce qu'ils soient enfoncés dans le sable.

B **Ancrer** légèrement vos pieds dans le sable.

Q12

À quel moment du swing faut-il déplier les poignets pour que la tête de club ait la vitesse maximale à l'impact ?

A Au **début** du downswing.

B À **mi-chemin** entre le sommet et l'impact.

C Juste **avant** l'impact.

Les grands golfeurs ont toujours le même geste quel que soit le club qu'ils utilisent. Ainsi leurs performances sont très régulières.

R9 Réponse B

La plupart des joueurs à fort handicap commettent l'erreur d'essayer de frapper plus fort avec leurs bois et leurs fers qu'avec leurs wedges sous prétexte que la balle doit parcourir une plus grande distance. Observez les grands joueurs, vous verrez que presque tous frappent la balle exactement de la même façon, quel que soit le club qu'ils utilisent. Ils jouent sur la longueur du manche et sur le loft de la tête du club pour obtenir la distance souhaitée. Un grand nombre de professeurs conseillent d'ailleurs à leurs élèves d'imaginer qu'ils utilisent un wedge lorsqu'ils jouent avec leur driver ou un autre club long.

R10 Réponse B

C'est une erreur majeure de croire que le driver assure la portée maximale à l'adresse. En effet, comme sa face est droite, il faut que ce club ait une vitesse suffisante à l'impact pour pouvoir faire décoller la balle et la maintenir en l'air assez longtemps pour qu'elle parcoure une distance correcte. Le bois 3, qui a plus de loft, permet d'obtenir un résultat comparable avec une vitesse moindre à l'impact. C'est donc un choix judicieux pour les joueurs au swing plus lent.

Pour les joueurs au swing assez lent, le bois 3 est plus approprié que le driver à l'adresse.

R11 Réponse B

Pour réussir un coup joué dans le sable avec un bois de parcours ou un fer long, veillez à ce que rien ne gêne le contact du club avec la balle. En enfonçant trop vos pieds, vous augmentez le risque de toucher le sable avant la balle, ce qui ralentira la tête du club. Mieux vaut donc ne pas trop enfoncer vos pieds dans le sable, et vous assurer simplement qu'ils adhèrent assez pour ne pas perdre l'équilibre pendant le swing.

N'enfoncez pas trop vos pieds dans le sable lorsque vous utilisez un bois de parcours ou un fer long dans un bunker.

R12 Réponse C

C'est en donnant le coup de poignet le plus tard possible (juste avant l'impact) que la tête de club atteindra sa vitesse maximale et que le swing sera le plus performant du point de vue de la longueur. Vous devez maintenir l'angle formé par les poignets et le manche du club au sommet du swing (en principe de 90°) au moins jusqu'à ce que vos bras soient parallèles au sol dans la descente. Tendez ensuite les poignets lorsque la tête du club entre dans la zone d'impact afin d'obtenir l'accélération la plus forte possible. Pour travailler l'extension tardive des poignets, balancez un club sans frapper la balle et essayez de retarder le sifflement que font entendre le manche et la tête du club de façon qu'il se produise juste avant la zone d'impact.

En retardant le coup de poignets, vous donnerez une accélération plus forte à la tête du club à l'impact, et obtiendrez ainsi une portée maximale.

4

Le petit jeu

Demandez à un professionnel comment le joueur moyen doté d'un handicap élevé peut améliorer son score : il vous répondra qu'il doit travailler son petit jeu. Trop rares sont en effet les golfeurs qui prennent la peine d'optimiser leur putt et leurs compétences sur le green. C'est pourtant là que les joueurs qui n'ont aucun espoir (ou pas le temps) d'atteindre la puissance et la précision des grands, pourront transformer bogeys et doubles bogeys en pars, voire en birdies. Testez vos connaissances en matière de petit jeu, et étudiez bien les réponses de ce chapitre clé : vous réduirez rapidement votre handicap.

4.1 Baisser son **handicap**

Sur un parcours classique, au moins 70 % des coups se jouent dans un périmètre de 90 m autour du drapeau. Pourtant, la plupart des joueurs consacrent seulement 10 % de leur temps d'entraînement à cette partie du jeu.

Q1

Pourquoi de nombreux champions balancent-ils leur putter au ras du sol à l'adresse au lieu de le poser sur l'herbe, juste derrière la balle ?

A Pour rester **bien droit** pendant toute la durée du coup.

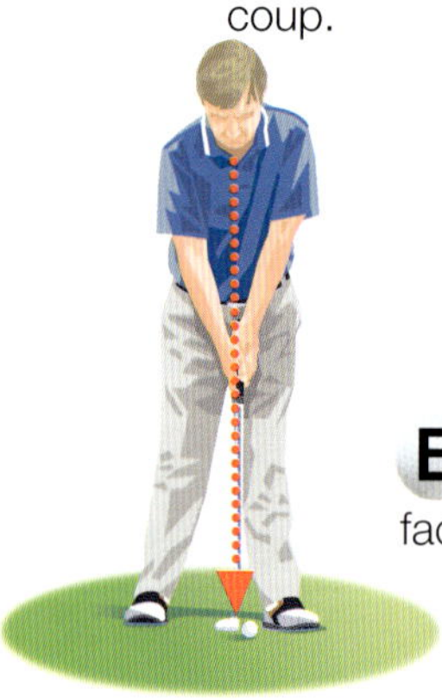

B Pour voir plus facilement le **centre exact** de la lame.

C Pour effectuer un **takeaway en douceur.**

Q2

La balle atterrit sur de l'herbe rase à 9 m du green, devant un bunker profond au rebord assez pentu. Il vous faut couper la balle pour qu'elle franchisse le rebord du bunker et s'arrête rapidement sur le green. Votre position de départ doit être :

A Les épaules, le bassin et la face du club square, c'est-à-dire **perpendiculaire** au drapeau.

B Les épaules, le bassin et les pieds tournés un peu **vers la gauche** du drapeau, mais la face du club square.

C Les épaules, le bassin et les pieds tournés **vers la droite** du drapeau, mais la face du club ouverte.

Q3

Votre balle a atterri sur de l'herbe rase, mais tout près d'une touffe d'herbe plus haute. Vous avez le choix entre plusieurs options, notamment le bellied-wedge, qui s'est popularisé ces dernières années. En quoi ce coup consiste-t-il ?

A À utiliser la partie inférieure d'un **bois lofté** pour donner à la balle un effet de topspin.

B À frapper le sommet de la balle avec **un fer** pour la faire sauter en l'air puis retomber sur le green.

C À frapper le centre de la balle avec le bord d'attaque d'un **club lofté.**

Q4

On conseille à certains joueurs de s'entraîner au « chipping » (coup d'approche très rasant) en glissant une balle ou le manche d'un club sous le bord extérieur de leur pied arrière. En quoi cela peut-il les aider ?

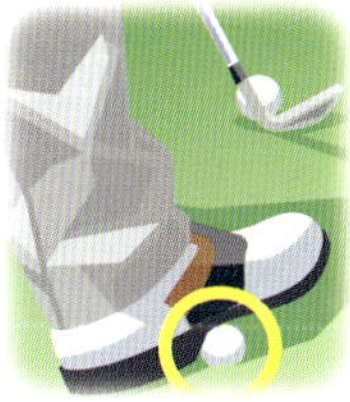

A À bien placer leur **poids** du corps.

B À faire en sorte que la tête du club suive une trajectoire correcte lors du **takeaway.**

C À corriger **l'angle** formé par le bassin et la ligne des épaules.

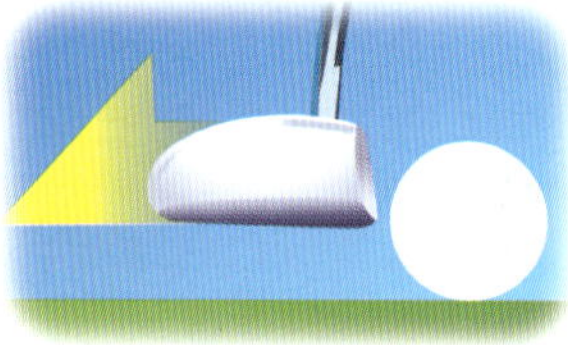

Le fait de balancer la tête du putter à l'adresse permet de réduire les tensions dans les bras.

R1 Réponse C

Pour réussir son putt, il faut absolument avoir un geste fluide, et donc éviter à tout prix une montée saccadée. En balançant la tête du putter au ras du sol à l'adresse, le golfeur élimine les tensions, prépare un geste harmonieux et évite que la tête du club entre en contact avec le sol en remontant, ce qui la dévierait de sa trajectoire.

R2 Réponse B

Pour obtenir le résultat souhaité, vous devez placer les épaules, le bassin et les pieds légèrement tournés vers la gauche de la cible, la face du club parfaitement square, c'est-à-dire perpendiculaire à la ligne de jeu. En balançant le club parallèlement à la ligne de vos pieds, sa face empruntera un chemin extérieur-intérieur. Elle propulsera la balle très en hauteur et lui donnera un backspin important, ce qui lui permettra de s'arrêter rapidement après l'atterrissage.

Placez-vous correctement à l'adresse et regardez la balle voler vers la cible.

R3 Réponse C

C'est à Lee Trevino que l'on devrait la solution de ce problème. Dans le cas d'une balle accolée à une touffe d'herbe plus haute, ce joueur conseille de balancer la tête d'un sand wedge au-dessus du sol avant de frapper la partie centrale de la balle, son «ventre» (*belly*, d'où le nom du coup, bellied wedge) avec le bord d'attaque du club. La balle filera alors vers le green en empruntant une trajectoire basse.

Frappez le ventre de la balle avec le bord d'attaque d'un club lofté.

R4 Réponse A

L'une des règles à respecter pour réaliser un bon chip consiste à basculer le poids du corps sur le pied avant à l'adresse et à l'y laisser pendant toute la durée du coup. Lorsqu'on glisse une balle ou le manche d'un club sous le côté extérieur du pied arrière, le poids du corps bascule automatiquement sur le pied avant. Certains professeurs vont encore plus loin et demandent à leurs élèves de pratiquer le chip en décollant complètement le pied arrière du sol.

Une balle glissée sous la partie extérieure du pied arrière fait automatiquement basculer le poids du corps sur le pied avant.

Vous pouvez aussi vous entraîner au chip en décollant complètement le pied arrière du sol.

4.2 Laissez le **club** faire son **travail**

En matière de chip, la plupart des problèmes sont dus au fait que les joueurs essaient d'intervenir pour faire décoller la balle et l'amener sur le green, au lieu de laisser le club et son loft naturel jouer ce rôle à leur place. Contentez-vous de déterminer l'endroit où vous voulez voir atterrir la balle et concentrez-vous.

Q5

La balle repose sur du sable léger dans un bunker près du green ; vous devez la sortir avec votre sand wedge pour l'amener sur le green. Vous estimez que le bord d'attaque du club doit pénétrer dans le sable 5 cm derrière la balle. Pour cela, vous devez viser :

A 5 cm **devant** la balle pour être sûr de terminer votre swing.

B **L'arrière** de la balle.

C **L'endroit** où vous souhaitez que le club pénètre dans le sable.

Q6

Après avoir soigneusement examiné la configuration du green, vous êtes pratiquement certain qu'il y a un décrochement de 15 cm environ de la droite vers la gauche sur le putt de 4 à 5 mètres que vous devez jouer.

A Gardez les pieds, le bassin et les épaules orientés vers la **gauche** du trou et effectuez un slice pour rattraper le décrochement.

B Visez un point situé à **droite** du trou et puttez tout droit dans cette direction.

C Frappez la balle **très fort** dans la direction du trou pour contrer le décrochement.

Q7

Alors que vous vous tenez derrière la balle dans l'alignement du trou, vous décidez d'essayer la technique du plumb-bobbing que vous avez observé en regardant des compétitions à la télévision. Fermez un œil et tenez le club verticalement, de façon que le manchc coupe la balle : le drapeau apparaît à droite du manche. Le putt va :

A Dévier vers la **droite.**

B Dévier vers la **gauche.**

Q8

Votre balle atterrit sur le fairway à quelques mètres du green ; votre partenaire vous conseille alors le Texas wedge.
Ce coup consiste à utiliser :

A Le **putter** pour amener la balle sur le green.

B Un **wedge spécial** qui pince la balle et la fait sortir des lies de fairways étroits, comme ceux que l'on trouve souvent au Texas.

C Un **bois de parcours** pour un coup d'approche, avec un grip de putting.

4.2 Laissez le **club** faire son **travail**

Pour vous entraîner, tracez un trait à l'endroit où vous voulez que la tête du club pénètre dans le sable.

R5 Réponse C

Le fait de viser l'endroit exact où vous voulez que le bord d'attaque de la tête du club pénètre dans le sable vous aidera à atteindre votre objectif. Pour vous entraîner, vous pouvez tracer un trait dans le sable derrière la balle et un autre à l'endroit où vous voulez faire pénétrer la tête du club. En jouant, vous verrez exactement l'endroit où la tête du club entre en contact avec le sable. N'oubliez pas que ces préparatifs doivent être réservés à l'entraînement.

R6 Réponse B

Tous les putts doivent être joués en ligne droite. Pour jouer un putt compliqué par la configuration d'un green, déterminez l'endroit en direction duquel vous pensez devoir putter, placez-vous parallèlement à cette ligne de jeu et laissez le relief amener la balle jusqu'au trou. Ce n'est que lorsque vous vous trouvez à 1 ou 2 m du trou que vous pouvez essayer de frapper la balle assez fort pour contrer l'effet du dénivelé.

Déterminez le point vers lequel vous pensez devoir putter, et placez-vous parallèlement à cette ligne de jeu.

Lorsque vous pratiquez le plumb-bobbing, vérifiez que la partie inférieure du manche de votre club ait l'air de couper la balle en son centre.

R7 Réponse A

Certains grands joueurs ont recours au plumb-bobbing pour vérifier de quel côté un putt va dévier. Debout ou accroupi sur un endroit plat derrière la balle, face au trou, tenez le putter à la verticale en le saisissant à la base du grip sans trop serrer. Fermez un œil et tenez le club de façon à ce que, dans votre champ de vision, la partie inférieure du manche passe par le centre de la balle. En tenant fermement le putter, regardez en haut du manche pour voir de quel côté vous voyez apparaître le drapeau : c'est dans cette direction que la balle va dévier sa trajectoire. Plus le drapeau paraît excentré, plus la déviation sera importante.

R8 Réponse A

Le Texas wedge consiste à frapper la balle avec un putter pour l'amener sur le green. Ce coup s'avère très utile notamment lorsqu'un vent fort risque de dévier la balle, même si elle n'est qu'à quelques mètres du green. Il est donc couramment employé sur les links. L'étendue d'herbe entre la balle et le green doit bien sûr être assez rase et le terrain bien plan pour ne pas dévier la balle.

Le Texas wedge est particulièrement utile les jours de grand vent.

4.3 Jouer **en souplesse**

La plupart des golfeurs dont le petit jeu n'est pas satisfaisant commettent l'erreur de trop serrer le manche de leur club. La face du club se ferme et des tensions envahissent bras et épaules. Pour réussir les coups délicats qui se jouent sur le green, il faut avoir les mains souples et détendues.

Q9

Il est une règle d'or que presque tous les meilleurs professeurs et les grands joueurs de golf rappellent sans cesse aux amateurs, notamment ceux qui ont un handicap élevé. Pour jouer un chip à proximité du green, il faut :

A Faire **rouler** la balle sur le green le plus tôt possible.

B Assurer le coup en faisant **voler** la balle jusqu'au drapeau.

C Donner à la balle beaucoup de **backspin** pour qu'elle atterrisse tout près du trou à son deuxième ou troisième rebond.

Q10

Votre balle a atterri sur une petite pente aval dans un bunker des abords du green. Vous vous souvenez que pour avoir des chances de réussir votre coup, vous devez vous pencher dans le sens de la pente, mais vous avez un doute quant à la position de la balle à l'adresse. Elle doit être placée :

A Entre le milieu de votre stance et l'intérieur du **pied avant.**

B Entre le milieu de votre stance et l'intérieur du **pied arrière.**

C Au niveau du **centre** de votre stance.

Q11

Une variante possible du grip Vardon inversé consiste à descendre l'index tendu de la main inférieure plus bas sur le manche du club. Quels joueurs ont intérêt à opter pour ce type de prise ?

A Ceux qui envoient la balle d'un **petit mouvement** de poignet au lieu de l'accompagner, de la « traverser ».

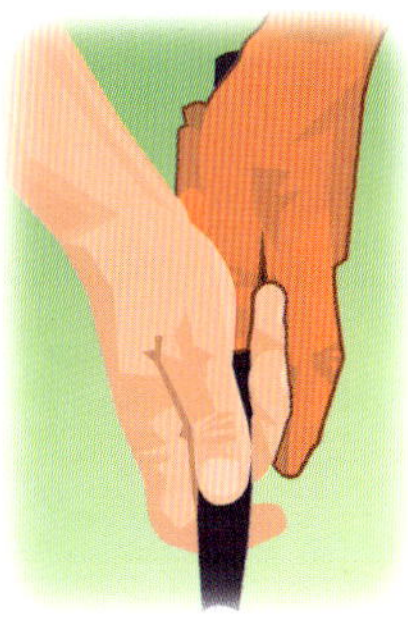

B Ceux dont la **main supérieure** est dominante.

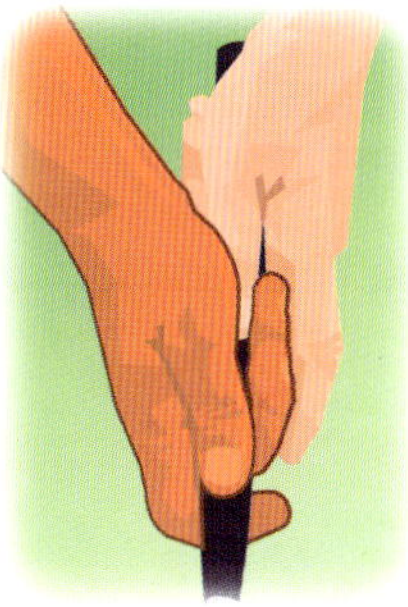

C Ceux dont la **main inférieure** est dominante.

Q12

Depuis quelque temps les golfeurs qui participent aux grands tournois effectuent un chip avec un bois lofté lorsque la balle est à proximité du green. À quel style de lie cette méthode assez peu orthodoxe, mais très efficace pour amener la balle près du drapeau est-elle généralement adaptée ? La balle se trouvant, selon le cas :

A À la **surface** du semi-rough.

B **Enfouie dans** le semi-rough.

C Sur très peu ou **pas d'herbe** du tout.

N'oubliez pas d'examiner la configuration du green afin de déterminer l'endroit que vous devez viser pour jouer votre chip, mais aussi de prévoir la trajectoire de balle une fois qu'elle a commencé à rouler.

R9 Réponse A

Il faut faire rouler la balle sur le green dès que possible, tout simplement parce qu'il est beaucoup plus facile d'évaluer le roulement d'une balle que son imprévisible rebond lorsqu'on la fait voler jusqu'au drapeau. Quant au club, choisissez-en un qui ait juste assez de loft pour franchir l'herbe haute et propulser la balle jusqu'au green.

R10 Réponse B

Pour jouer sur un lie aval, placez la balle entre le milieu du stance et l'intérieur du pied arrière. Ne l'avancez pas davantage, vous risqueriez d'enfoncer votre club dans le sable bien avant la balle et vous ne pourriez pas la faire sortir du bunker. N'oubliez pas d'ouvrir le stance plus que d'ordinaire pour vous pencher dans la pente. Gardez également un axe de rotation perpendiculaire à la pente et portez 80 % environ du poids du corps sur le pied avant. Jouez le coup avec une cassure nette des poignets en gardant le poids du corps sur le pied avant, de façon à avoir l'impression d'effectuer un swing dans la pente plutôt que de sortir la balle par explosion.

Lorsque vous effectuez ce coup délicat, vous devez avoir l'impression de réaliser un swing dans la pente.

R11 Réponse C

La variante du grip Vardon inversé qui consiste à glisser l'index de la main inférieure plus bas sur le manche du putter est particulièrement intéressante pour les joueurs qui ont tendance à trop utiliser cette main, et donc à pousser la tête du club au travers de la balle au lieu de la tirer à travers la zone d'impact avec la main la plus haute.

Le fait de descendre l'index de la main la plus basse sur le putter permet de s'assurer que les mains restent perpendiculaires à la cible dans toute la zone d'impact.

Le bois de parcours fait un excellent chipper lorsque la balle repose sur un lie nu.

R12 Réponse C

L'utilisation d'un bois de parcours pour amener d'un chip la balle jusqu'au green est particulièrement efficace lorsque la balle est légèrement enfouie dans l'herbe ou lorsqu'elle repose sur un lie nu ou sablonneux. Tiger Woods, qui a régulièrement recours à ce coup, atteste des excellents résultats que l'on peut obtenir en tenant le club un peu bas et en utilisant un stance et un geste de putting classiques pour frapper la balle en son centre, ce qui permet au topspin de l'amener près du drapeau, et même souvent dans le trou.

4.4 Dans le petit jeu, **tout est possible**

Amener la balle jusqu'au green, puis dans le trou, représente un des aspects les plus délicats du golf. Faites des essais en changeant de putter, de grip, de position de départ ou de façon de frapper la balle, ne vous laissez pas rebuter par les variantes.

Q13

On considère que la position de la balle par rapport aux yeux est de la plus haute importance pour le putting. Où faut-il donc poser la balle à l'adresse pour obtenir le mouvement pendulaire recherché et déterminer correctement la ligne de putting ?

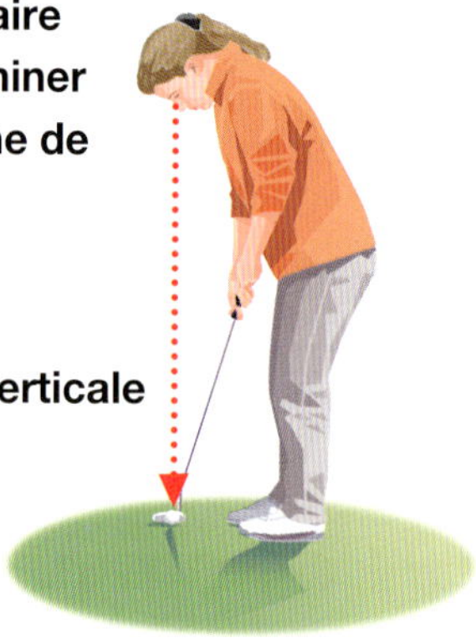

A À la verticale des yeux.

B Au-delà de la verticale des yeux.

C En deçà de la verticale des yeux.

Q14

De nombreux joueurs ne savent pas comment, lorsque cela est nécessaire, effectuer un chip amont pour amener la balle vers un drapeau situé sur un green en pente. Cette indécision leur coûte généralement cher : la balle atterrit souvent trop loin du but. Le mieux est de jouer ce coup avec :

A Un lob wedge ou un **sand wedge.**

B Un **pitching wedge.**

C Un **fer moins lofté** (6, 7 ou 8 par exemple).

Q15

Votre balle a atterri dans un bunker aux abords du green. Elle repose certes sur un lie régulier, mais le drapeau se trouve juste derrière le rebord du bunker, qui mesure 1,5 m environ de hauteur. Il faudra donc que la balle s'arrête assez brusquement lorsqu'elle atterrira sur le green. Vous avez lu quelque part que les pieds, le bassin et les épaules doivent être tournés vers la gauche de la cible, mais comment le bord d'attaque de la face du club doit-il être orienté ?

A Face au drapeau.

B Légèrement **ouvert** (dirigé vers la droite du drapeau).

C Légèrement **fermé** (dirigé vers la gauche du drapeau).

Q16

À l'atterrissage, une balle chippée depuis le rough réagit généralement différemment d'une balle jouée sur un lie normal à l'herbe rase. Dans ce cas, attendez-vous à ce que la balle :

A Présente un fort **backspin** et s'arrête immédiatement à l'atterrissage.

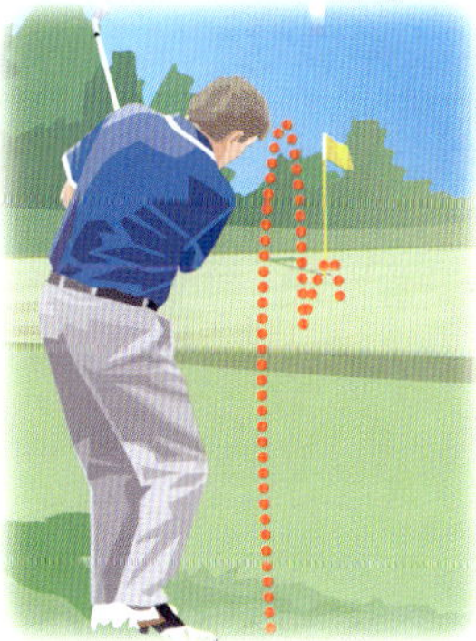

B Rebondisse uno fois, puis s'arrête brutalement au second (ou troisième) rebond.

C Roule davantage à l'atterrissage qu'une balle jouée sur de l'herbe rase.

4.4 Dans le petit jeu, **tout est possible**

Lâchez une balle dans le prolongement de votre nez pour savoir où la poser à l'adresse.

R14 Réponse C

La plupart des joueurs au handicap élevé font l'erreur de ne pas envoyer la balle assez loin lorsqu'ils jouent un chip amont en direction du green. Ce défaut s'explique souvent par l'utilisation d'un club à la face trop loftée. Évitez les lob wedges, sand wedges et pitching wedges, dont la face loftée génère beaucoup trop de backspin et entraîne l'arrêt trop brutal de la balle à l'atterrissage, ce qui l'empêche de rouler vers le trou. C'est avec un fer-6, 7 ou 8 que vous obtiendrez les meilleurs résultats, car tous font voler la balle plus bas en générant moins de spin, ce qui permet à la balle de continuer sa course et de gravir la pente en roulant. Faites des essais pour savoir quel club vous permet de faire entrer la balle dans le trou avec le minimum de coups.

R13 Réponse A

L'idéal est d'avoir les yeux à la verticale de la balle. S'ils sont en deçà, vous allez sans doute dévier votre putt vers la droite, et s'ils sont au-delà de la verticale, votre putt tirera vraisemblablement sur la gauche.
Une façon simple et efficace de trouver la bonne position consiste à adopter son stance de putt habituel, le visage parallèle au sol, puis à lâcher une balle dans le prolongement du nez. Elle atterrira juste à l'endroit où elle doit être placée à l'adresse.

Faites des essais pour savoir avec quel club vous obtenez les meilleurs résultats.

Le bon moyen de réussir ce coup consiste à ouvrir la face du club et à adapter son grip avant de descendre dans le bunker. En faisant pivoter les pieds, le bassin et les épaules vers la gauche de la cible, la face du club s'orientera dans la bonne direction.

R15

Réponse B

En ouvrant légèrement la face du club, vous pourrez balancer celui-ci parallèlement à la ligne de vos pieds, de vos épaules et de votre bassin et vous couperez bien la balle, la faisant sortir du sable en la propulsant vers le haut pour qu'elle s'arrête rapidement une fois parvenue sur le green. Bien des golfeurs à handicap élevé essaient à tort d'ouvrir la face du club après avoir adapté leur stance dans le sable. Cette tentative échoue souvent car leurs mains reprennent généralement très vite leur position naturelle ; dans ce cas, la face du club revient perpendiculaire à la ligne de jeu, et la balle vole moins haut que ce que l'on souhaite.

R16

Réponse C

Lorsque l'on frappe la balle dans le rough, de l'herbe se glisse presque toujours entre la balle et la face du club, ce qui empêche les rainures de jouer leur rôle, c'est-à-dire de donner un effet de backspin à la balle. De ce fait, la balle roulera plus loin que prévu en atterrissant sur le green.

Si votre balle est enfouie dans de l'herbe haute près du green, l'idéal est de vous placer de façon à que la balle soit plus en arrière que d'habitude par rapport à votre stance afin d'obtenir le meilleur contact possible avec la face du club.

Attendez-vous à ce que la balle roule davantage lorsque vous jouez dans de l'herbe haute.

Problèmes

5

Si aucun golfeur n'aime envoyer sa balle dans un endroit problématique, ces aléas demeurent néanmoins une réalité incontournable de tous les parcours, même lorsque l'on est un grand joueur professionnel. Et heureusement ! Le jeu serait bien ennuyeux sans ces mauvais coups du sort ! Rares seront toutefois les cas où vous n'aurez pas d'autre solution que déclarer votre balle injouable. En étudiant attentivement ce chapitre, vous apprendrez à transformer une catastrophe potentielle en petite merveille. Et qui sait ? Peut-être allez-vous découvrir que vous avez un talent insoupçonné pour jouer les balles échouées au fond d'une eau peu profonde, à la façon du champion français Jean Van de Velde.

5.1 Relever **un défi**

Les joueurs qui considèrent le rough et les bunkers comme d'intéressants défis à relever sont généralement ceux qui s'en sortent le mieux lorsque leur balle atterrit en dehors du fairway. En revanche, ceux qui gémissent sur leur sort ont presque toujours du mal à tirer leur épingle du jeu.

Q1

Votre coup de départ envoie la balle dans la végétation dense du rough, à 200 mètres du trou. Il vous est donc impossible d'atteindre le green le coup suivant. Votre objectif est de sortir la balle des fourrés à l'aide d'un club très lofté et de la ramener sur le fairway par la trajectoire la plus directe. Où la balle doit-elle se trouver pour que vous ayez le plus de chance de la faire décoller et revenir sur l'herbe rase ?

A À l'**intérieur** du talon gauche.

B Au **milieu** de votre stance.

C Entre le milieu de votre stance et le **talon arrière**.

Q2

Votre balle a atterri à 9 m derrière un arbre et à 120 m du green. Elle n'est pas trop enfouie dans la végétation et un chemin direct jusqu'au drapeau s'offre à vous si vous parvenez à jouer sous l'une des branches de l'arbre. Si vous avez l'intention de jouer un coup punché avec un fer moyen :

A Appliquez-vous à terminer le geste par votre follow-through **habituel** après l'impact.

B Concentrez-vous pour amener le club et les bras **plus haut que d'habitude** au finish.

C Réduisez le follow-through par rapport à la **normale**.

Q3

Votre balle a atterri dans un bunker des abords du green et elle est enfouie aux trois quarts dans le sable. Vous vous souvenez que vous devez vous placer perpendiculairement à la ligne de jeu et orienter le bord d'attaque de votre sand wedge en position square derrière la balle, mais vous avez un doute quant à la façon de jouer le coup. Vous devriez :

A Casser les poignets presque dès le **début** du takeaway.

B Effectuer un takeaway tout en **douceur** en cassant très peu les poignets.

C Ne pas casser les poignets du tout et vous servir de la **puissance** de votre buste pour propulser la balle.

Q4

Malgré les railleries de vos partenaires, vous décidez d'essayer de jouer le coup dans l'eau en frappant la balle dans un lac peu profond situé en bordure du fairway. Après avoir retiré chaussures et chaussettes et retroussé les jambes de votre pantalon, vous saisissez votre sand wedge et vous préparez à jouer. Pour atteindre la balle, vous devez viser :

A Le **sommet** de la balle.

B Quelques centimètres **derrière** la balle.

C Quelques centimètres **devant** la balle.

En plaçant la balle à l'arrière de votre stance, vous parviendrez plus facilement à éviter l'herbe haute.

R1 Réponse C

Il s'agit avant tout d'éviter que l'herbe haute et drue ne s'accumule autour du hosel et de la tête du club, ce qui ralentirait le club, dévierait sa face (qui ne serait plus square) et le priverait de loft. Si vous placez la balle entre le milieu de votre stance et votre pied arrière, vous allez effectuer un swing vertical, et casser nettement les poignets pendant le backswing de façon à obtenir l'angle d'attaque fermé nécessaire pour limiter tout contact avec la végétation avant la frappe. Un grand nombre de débutants et de joueurs au handicap élevé placent la balle à l'intérieur du talon gauche pensant que cela leur donnera plus de loft. Malheureusement, c'est l'une des raisons pour lesquelles ils conservent leur fort handicap !

R2 Réponse C

Après avoir reculé la balle par rapport à votre stance et vos mains devant la balle, concentrez-vous pour effectuer un backswing compact et garder le poids du corps au-dessus de la balle pendant que vous traversez la zone d'impact. Tous ces facteurs induisent un follow-through de hauteur réduite et de faible amplitude, de sorte qu'au final vos bras sont à peu près parallèles au sol. Lorsque vous vous trouvez dans ce cas, choisissez attentivement votre club. Pour réussir votre coup, vous devez utiliser un club qui présente assez de loft pour faire décoller la balle du rough, mais sans la faire voler trop haut pour qu'elle ne heurte pas la branche.

Si vous jouez correctement ce coup punché, vos bras sont pratiquement parallèles au sol au finish.

R3

Réponse A

Si vous frappez une balle partiellement enterrée avec un angle trop ouvert, la tête du club entrera en contact avec beaucoup de sable, elle n'aura plus la puissance ni la vitesse nécessaires pour faire décoller la balle. Il faut effectuer un swing vertical et frapper la balle avec un angle très fermé. Pour cela, reculez la balle dans votre stance et effectuez une cassure nette des poignets dès que vous commencez à monter le club. Assurez-vous que le backswing est complet afin de générer dans le downswing une vitesse suffisante pour que la tête du club pénètre dans le sable et en sorte la balle.

Une cassure nette et précoce des poignets permet de créer l'angle d'attaque très fermé nécessaire pour frapper une balle enfouie dans le sable.

R4

Réponse B

Pour permettre au club de plonger dans l'eau et de passer sous la balle, vous devez viser au moins 5 cm derrière l'endroit où vous croyez voir la balle. À cause du pouvoir grossissant de l'eau, vous avez l'impression que la balle est plus près de la surface qu'elle ne l'est en réalité. Une fois votre décision prise, balancez votre club au-dessus du point où il doit pénétrer dans l'eau, puis relevez-le dans un backswing très vertical pour obtenir l'angle d'attaque requis. Frappez la balle d'un coup vif pour contrer la résistance de l'eau, avec une puissance équivalente à celle que vous appliqueriez pour extraire une balle enfouie dans le sable d'un bunker. Il est totalement déconseillé aux amateurs de tenter ce coup si la balle est à plus de 2,5 cm de profondeur.

Visez 5 cm derrière la balle lorsque celle-ci se trouve dans une étendue d'eau peu profonde, puis frappez fort : elle fusera littéralement dans une gerbe d'eau.

5.2 Anticiper

Bon nombre de joueurs ne parviennent pas à sortir des situations délicates pour la simple raison qu'ils ne s'y entraînent jamais. Pourquoi ne pas consacrer votre prochaine séance à jouer des balles enfouies dans l'herbe haute, enfoncées dans le sable ou échouées dans un divot ?

Q5

Votre balle a atterri dans un bunker des abords du green et vous n'avez aucune chance de la jouer dans l'obstacle même. Vous devez vous tenir sur le bord de l'obstacle, bien au-dessus de la balle. Votre stance et l'inclinaison de votre colonne vertébrale imposent un swing assez vertical. Attention à ne pas basculer en arrière avant de frapper la balle. Pour ce faire :

A **Expulsez** la balle en supprimant le follow-through.

B Limitez le follow-through à environ la **moitié** de son amplitude habituelle.

C Optez pour un follow-through **complet**.

Q6

Bien que vous ayez effectué un bon deuxième coup dans le cadre d'un trou Par 5, la balle est un peu courte et a atterri à quelques mètres du green sur une forte pente aval assez délicate. À l'adresse, placez la balle :

A Au **milieu** de votre stance.

B Entre le milieu du stance et votre pied **avant**.

C Entre le milieu du stance et votre pied **arrière**.

Q7

Quelle guigne ! Vous avez fini par réussir un coup avec votre driver et la balle a fusé sur 250 m en plein milieu du fairway… pour atterrir dans un divot. Après avoir pesté contre le joueur qui n'a pas replacé la motte de terre ou la touffe d'herbe qu'il avait arrachée avec son club, vous vous calmez et vous préparez à jouer. Pour réussir votre coup, vous placez vos mains à l'adresse :

A **En avant** de la balle.

B À la **verticale** de la balle.

C **Derrière** la balle.

Q8

C'est le dernier trou d'une compétition, vous êtes tous à égalité et votre balle a atterri sur l'herbe rase. Un arbre bloque la voie directe vers le green. Le deuxième coup de votre adversaire a amené sa balle sur le green et afin de rester dans la course, vous n'avez qu'une solution : jouer un hook. Pour réussir à incurver la trajectoire de la tête de votre club vers la gauche, vous devez adopter une prise telle que l'on voit :

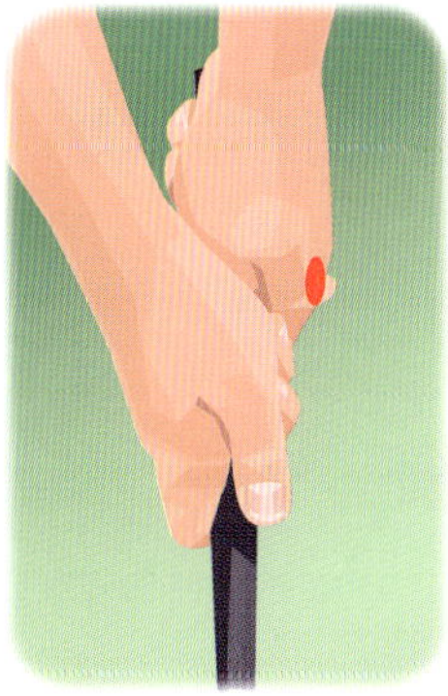

A **Moins** de deux phalanges de votre main supérieure.

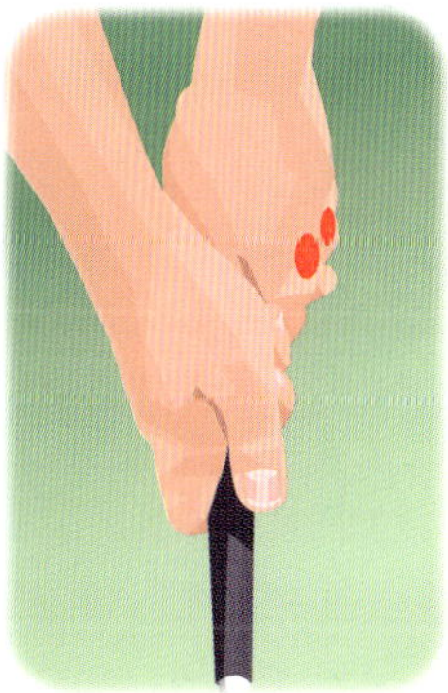

B **Deux phalanges** de votre main supérieure.

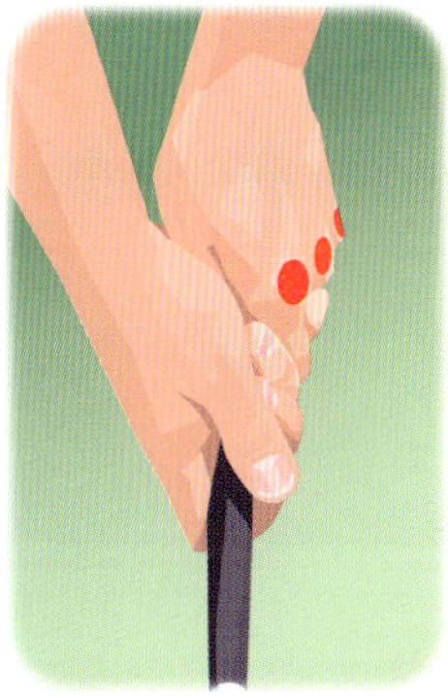

C **Plus** de deux phalanges de votre main supérieure.

Cherchez à effectuer un follow-through complet, cela vous aidera à réussir ce coup en cas de besoin.

R6 Réponse C

Lorsqu'ils sont obligés de jouer un coup sur un lie aval, de nombreux joueurs avec un handicap élevé pensent à tort qu'il faut avancer la balle par rapport à leur stance pour lui donner du loft. Il faut au contraire la reculer pour éviter que la tête du club heurte le sol avant l'impact. La pente aura bien sûr pour effet de priver la face du club d'une partie de son loft, mais vous pouvez résoudre ce problème en choisissant un club plus lofté que ne l'exige habituellement la distance à parcourir. Quant à votre position de départ, souvenez-vous que votre corps doit refléter la configuration du terrain, et portez l'essentiel du poids du corps sur le pied avant lorsque vous jouez sur un lie aval.

Ne commettez pas l'erreur classique d'avancer la balle dans le stance.

R5 Réponse C

Pour avoir une chance de réussir ce coup, essayez d'effectuer des gestes harmonieux, tout en douceur, pour ne pas vous retrouver par terre, le dos dans le sable. Il ne vous est pas possible, du fait de votre position, d'effectuer un follow-through complet, mais cherchez à réaliser un geste très abouti et menez-le à terme afin de générer une énergie et une fluidité suffisantes pour extraire la balle du sable. Si vous vous concentrez sur un coup limité ou sur un backswing restreint, votre geste sera haché et vous enverrez à nouveau la balle dans le sable.

R7 Réponse A

Une balle enfouie dans un divot se joue avec un angle d'attaque très fermé. Adoptez un stance tel que la balle soit dans le prolongement du talon du pied arrière et vos mains au niveau de la cuisse gauche. Le coup en lui-même n'est pas très difficile, mais souvenez-vous que la balle va emprunter une ligne de vol plus basse que la normale. Choisissez un club avec un peu plus de loft (un 7 au lieu d'un 6, par exemple) que celui que vous prendriez habituellement pour couvrir la même distance. Pendant que vous jouez ce coup, imaginez que vous essayez d'enfoncer la balle encore plus profondément dans le sol à l'impact. Cela vous aidera à éviter l'erreur qui consiste à essayer de la « cueillir », car vous risqueriez de l'effleurer simplement.

Faites comme si vous vouliez enfoncer la balle plus profondément encore dans le sol au lieu de la faire sortir du divot.

R8 Réponse C

Tournez les pieds, le bassin et les épaules légèrement vers la droite par rapport à la cible, mais saisissez fermement le grip pour induire un hook délibéré, c'est-à-dire incurver la trajectoire de la balle vers la droite, puis vers la gauche pour la remettre dans l'alignement de la cible, comme pour contourner un obstacle. Une prise est neutre lorsque vue d'en haut, elle laisse apparaître à l'adresse deux phalanges ou deux phalanges et demie de la main supérieure. Pour induire un hook plus facilement, modifiez la position des mains jusqu'à ce que la troisième phalange de la main supérieure soit visible.

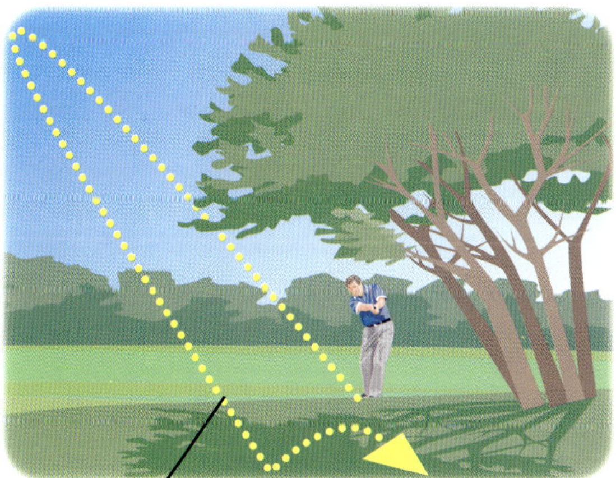

Ligne de vol de la balle

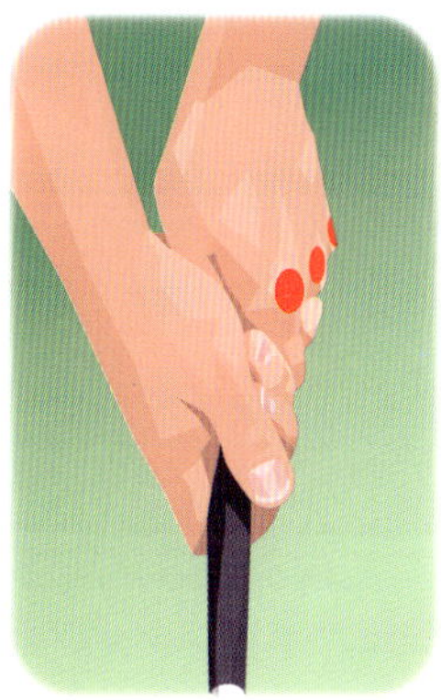

Pour obtenir plus facilement un hook délibéré, modifiez la position de vos mains de façon qu'au moins trois phalanges de la main supérieure soient visibles.

5.3 Ne **rêvons pas...**

Si votre balle est dans une situation délicate, efforcez-vous de la ramener là où elle sera plus facile à jouer au lieu de tenter un exploit que vous ne réussirez qu'une fois dans votre vie. Ce sont aussi ces gestes inconsidérés qui expliquent un score élevé.

Q9

Suite à un mauvais coup de départ, votre balle a atterri dans le rough à 150 m environ du début du green. Elle n'est pas trop enfouie dans l'herbe et compte tenu de votre score, vous décidez d'essayer de l'amener sur le green. Avec quel club aurez-vous le plus de chances de réussir votre coup ?

A Un **fer long** ou **moyen**.

B Un **bois de** parcours.

Q10

La balle a rebondi sur le green pour atterrir sur une étendue de terre dure et sèche au pied de quelques grands arbres. Vous aurez besoin d'un peu de loft pour que la balle franchisse les accidents de terrain imprévisibles et qu'elle atterrisse sur le green. Avec quel(s) club(s) allez-vous jouer ce coup ?

A Un **sand** wedge.

B Un **pitching** wedge.

C Un **fer-9**.

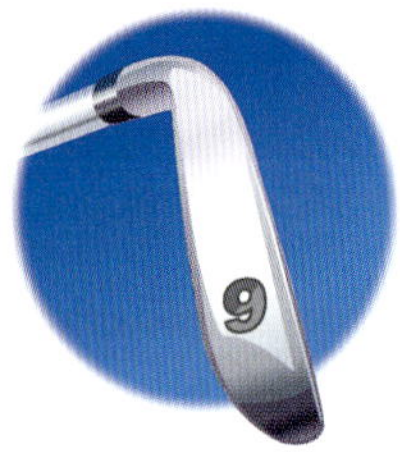

Q11

Si vous décidez de slicer votre coup de départ, la seule trajectoire susceptible d'amener votre balle sur le green consiste à franchir un groupe d'arbres. Vous calculez que pour gagner de la hauteur, la balle doit être plus en avant que d'ordinaire dans le stance. Que pouvez-vous faire d'autre pour vous faciliter les choses ?

A Vous **éloigner un peu plus** de la balle que d'ordinaire à l'adresse.

B Vous **rapprocher un peu plus** de la balle que d'ordinaire à l'adresse.

C Porter le poids du corps sur le pied **avant**.

D Porter le poids du corps sur le pied **arrière**.

Q12

Vous allez jouer l'un des coups les plus délicats de la partie. Votre chip d'approche est passé à côté du drapeau et vous allez maintenant devoir effectuer un pitch aval sur un terrain très pentu, avec un bunker prêt à accueillir votre balle en bas de la pente si vous l'envoyez trop loin. Que devez-vous faire pour éviter de frapper la balle trop fort ?

A La frapper avec la **pointe** du putter.

B La frapper avec le **talon** du putter.

C La frapper lorsque que le putter commence à **monter**.

D La frapper lorsque que le putter **descend**.

Les bois de parcours loffés sont les clubs les plus conseillés pour extraire la balle d'un rough à la végétation assez peu fournie.

R9 Réponse B

De par la forme de leur semelle, les bois de parcours sont les clubs les mieux adaptés pour sortir une balle du rough tout en lui faisant parcourir une grande distance. L'herbe haute a en effet tendance à s'enrouler autour du hosel des fers, ce qui les fait pivoter et réduit leur loft efficace. C'est pourquoi la plupart des joueurs amateurs sont incapables d'envoyer la balle sur un green distant de 150 mètres environ avec un fer long ou moyen. En revanche, la semelle lisse et arrondie des bois de parcours glisse beaucoup plus aisément dans les herbes hautes, ce qui vous aidera à réussir ce coup.

R10 Réponses B C

Comme la semelle du sand wedge est dotée d'un bounce élevé, qui évite que ce club pénètre trop profondément dans le sable, le bord d'attaque du club est légèrement décollé du sol à l'adresse. De ce fait, le club rebondirait sur le sol dur et glisserait vers le milieu de la balle, réduisant le contact et le rendant incontrôlable. En revanche, la plupart des pitching wedges n'ont pas un bounce trop élevé, de sorte que leur bord d'attaque est en mesure d'atteindre la partie inférieure de la balle et de la faire décoller d'un sol dur. Si vous craignez que votre pitching wedge ait trop de bounce pour ce coup particulier, optez pour le fer-9.

Ne commettez pas l'erreur de choisir un sand wedge pour jouer une balle qui repose sur un lie nu.

R11

Réponse B

En vous rapprochant de la balle à l'adresse et en vous redressant légèrement, vous constaterez que votre swing vertical génère davantage de loft. Efforcez-vous de garder la tête derrière la balle un peu plus longtemps qu'à l'accoutumée dans la zone d'impact, puis de terminer par un finish en position haute. Assurez-vous que le fait d'avancer la balle par rapport à votre stance ne vous pousse pas à écarter les épaules et à adopter une position ouverte à l'adresse.

Pour que la balle ait une trajectoire de vol plus haute, rapprochez-vous d'elle et redressez-vous.

Si vous frappez la balle avec la pointe du putter, la balle roulera plus lentement.

A12

Réponse A

Si vous lancez la balle au-delà du trou, vous êtes confronté à un délicat putt aval, avec le risque d'atterrir dans un bunker. La solution consiste à frapper la balle avec une puissance normale pour la distance à parcourir, mais avec la pointe du putter au lieu de sa partie centrale. L'énergie transmise sera moins importante et la balle quittera la face du club à vitesse réduite. Toute modification apportée à votre technique de putting habituelle n'aboutirait probablement qu'au résultat inverse de celui recherché : un geste saccadé, non maîtrisé et un ralentissement de la tête du club à l'impact.

Les intempéries

6

Il vous arrivera de temps en temps de devoir jouer dans des conditions météorologiques que vous ne souhaiteriez pas imposer à votre pire ennemi. Ce qui fait alors la différence entre le joueur qui sort gagnant d'un 18 trous et celui qui peste contre la malchance et se cherche des excuses pour expliquer un mauvais score, c'est la capacité d'adapter son jeu aux difficultés qu'entraînent des conditions climatiques difficiles. Répondez aux questions de ce chapitre et vous saurez si vous êtes un champion contre vents et marées ou si le moindre courant d'air peut vous être fatal.

6.1 Contre **vents et marées**

Les joueurs médiocres redoutent généralement les intempéries. Ils se mettent alors à pester contre les éléments et leur mauvaise humeur ne fait qu'aggraver la situation. Au contraire, les bons golfeurs savent relever ce nouveau défi et adaptent leur jeu aux conditions météorologiques.

Q1

Vous êtes arrivé à un trou d'environ 150 m, Par 3, avec un vent contraire assez fort. Après avoir choisi le club qui vous semble le plus approprié pour la distance en question (un fer-3), quel stance adoptez-vous ?

A Votre stance **habituel**.

B Les pieds plus **serrés**.

C Les pieds plus **écartés**.

Q2

Il pleut très fort et votre adversaire a pris un fer-6 au lieu de prendre comme d'habitude son fer-7 pour jouer un coup de 130 m environ destiné à envoyer la balle du fairway jusqu'au green. Quelle est sa motivation la plus probable ?

A Avoir un **meilleur équilibre**.

B Compenser la quantité accrue de **backspin** imprimée à la balle en raison de la pluie qui mouille la face du club.

C Compenser l'effet de l'eau qui pénètre dans les alvéoles de la balle, ce qui **diminue la distance** parcourue en vol par celle-ci.

Q3

Par un froid humide et glacial, vous remarquez qu'après chaque trou, votre adversaire glisse sa balle dans une de ses poches, plonge ensuite sa main dans l'autre poche et en sort une balle (identique à la première bien sûr, même marque, même numéro) avec laquelle il joue le trou suivant. Pourquoi se livre-t-il à cet étrange rituel ?

A Pour garder la balle au **chaud**.

B Pour éviter de **nettoyer et de sécher** la balle chaque fois qu'il doit la poser sur un tee et la frapper.

C Pour **user** ses deux balles de la même façon afin qu'elles aient des caractéristiques de jeu parfaitement identiques s'il venait à en perdre une.

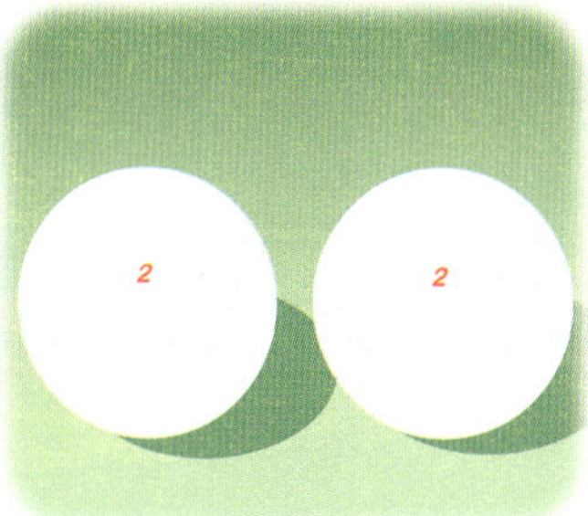

Q4

De fortes pluies ont gorgé d'eau le sable du bunker des abords du green. Votre balle doit franchir le rebord pour atterrir sur le green. Votre partenaire vous propose de prendre le pitching wedge au lieu du sand wedge pour éviter que le bounce de ce dernier ne fasse déraper le bord d'attaque du club vers le centre de la balle. Que devez-vous faire pour avoir une chance de réussir votre coup ?

A **Ouvrir** la face du club à l'adresse.

B **Fermer** la face du club à l'adresse.

C Placer la face du club **square** à l'adresse.

6.1 Contre **vents et marées**

Lorsque vous jouez face au vent, écartez davantage les pieds que d'ordinaire à l'adresse.

R1 Réponse C

Lorsque l'on doit jouer un coup avec un fort vent contraire, il est essentiel de s'ancrer solidement dans le sol pour ne pas perdre l'équilibre pendant toute la durée du geste. Le fait d'écarter les pieds un peu plus que la normale (entre 8 et 10 cm de plus pour un joueur de taille et de corpulence moyennes) confère une plus grande stabilité. Un stance un peu plus large présente en outre l'avantage de raccourcir automatiquement le swing et de faire un geste global plus compact. Faites attention toutefois à ne pas trop écarter les pieds, cela vous empêcherait de pivoter suffisamment le corps, facteur indispensable à la réussite de votre swing.

R2 Réponse A

La pluie apporte son cortège de problèmes, notamment en matière de prise et d'appui. En effet, les mains tiennent moins bien le club, et les pieds adhèrent moins bien au sol. Pour contrer les effets d'un terrain glissant, prenez un club plus puissant que celui que vous choisiriez d'ordinaire pour la même distance, et jouez moins fort, en limitant votre swing à 80 % maximum de votre puissance habituelle. N'oubliez pas de vérifier que les clous de vos chaussures sont en bon état et que la semelle ne se charge pas d'herbe ni de boue pendant le jeu.

Un swing compact vous aidera à garder l'équilibre lorsque le terrain est glissant.

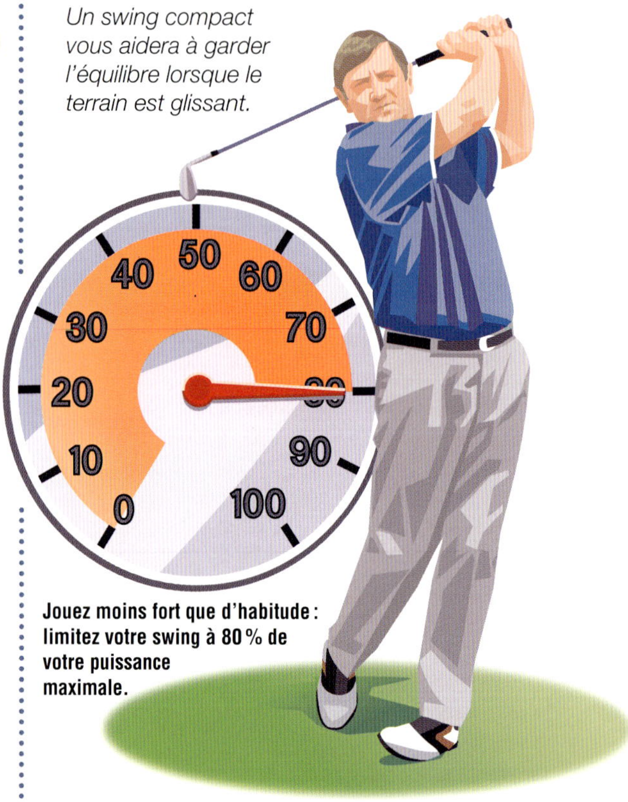

Jouez moins fort que d'habitude : limitez votre swing à 80 % de votre puissance maximale.

A3 Réponse A

La vitesse de rotation des balles, notamment celles qui ont un noyau dur autour duquel est enroulé un fil élastique très étiré, est fonction de la température. Il en va de même pour la quantité de spin qui leur est transmise et pour la distance qu'elles parcourent. Des études ont révélé que la portée d'une balle à revêtement extérieur en balata diminue d'une dizaine de mètres entre une journée froide et une journée chaude. Le fait de garder une ou deux balles au chaud dans sa poche par temps froid et de les jouer en alternance permet de gagner de la longueur.

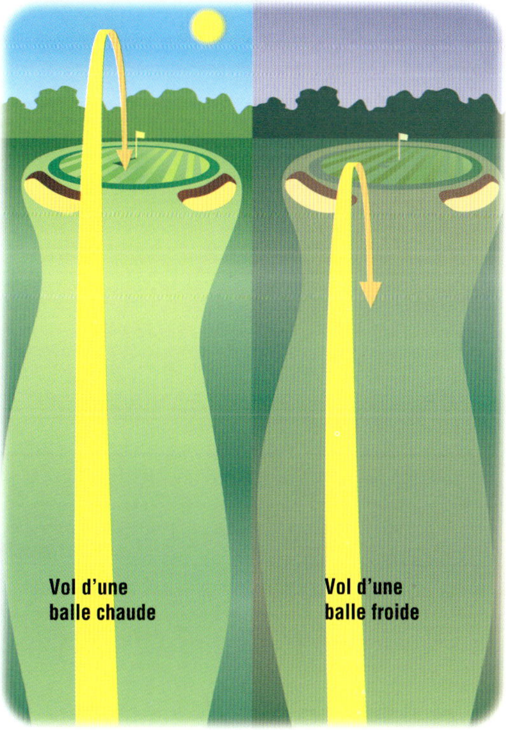

La distance parcourue par une balle chaude est supérieure d'une dizaine de mètres à celle couverte par une balle froide.

A4 Réponse C

Les coups joués d'un bunker des abords du green doivent être négociés différemment lorsque le sable est gorgé d'eau après de fortes pluies. Au lieu d'ouvrir la face d'un sand wedge et d'extraire la balle de l'obstacle en tranchant un coussinet de sable, contrez la résistance accrue des grains de sable mouillés et agglomérés en maintenant la face d'un pitching wedge square et en frappant le sable beaucoup plus près de la balle que vous le feriez par temps sec. N'essayez pas de faire décoller la balle en la « cueillant » par-dessous.

Frappez la balle sur sa partie inférieure et traversez-la, la face du club square.

6.2 Un peu d'**entraînement**

Ne vous attendez pas à faire un score excellent lorsque les conditions météorologiques sont mauvaises. Si vous faites un parcours hors compétition, profitez-en pour travailler les coups qui vous ont posé des problèmes ces derniers temps.

Q5

Vous avez posé la balle sur un tee haut, un vent fort souffle de droite à gauche sur un long trou Par 4. Vous êtes à la traîne dans la partie, et votre balle doit couvrir une distance raisonnable pour atteindre le green du deuxième coup. Vous devez donc :

A Viser **à droite** du fairway, pour que le vent ramène la balle vers la cible.

B Viser **à gauche** et jouer un fade pour essayer de garder la balle sur l'herbe rase.

C Viser le **centre** du fairway et abaisser le tee dans le but de propulser la balle sous le vent et en ligne droite.

Q6

Il pleut très fort depuis une heure et votre balle est à une dizaine de mètres du green. L'herbe qui s'étend entre la balle et la zone de putting est assez haute. Comme votre balle doit franchir cette étendue d'herbe pour atterrir sur le green, vous choisissez un club lofté. Vous pensez que la balle va :

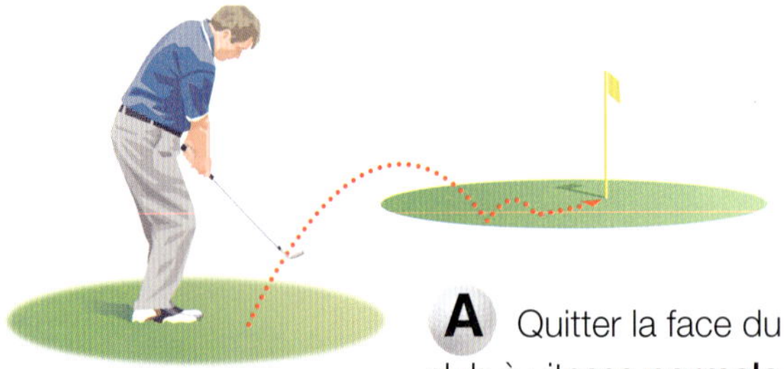

A Quitter la face du club à vitesse **normale**.

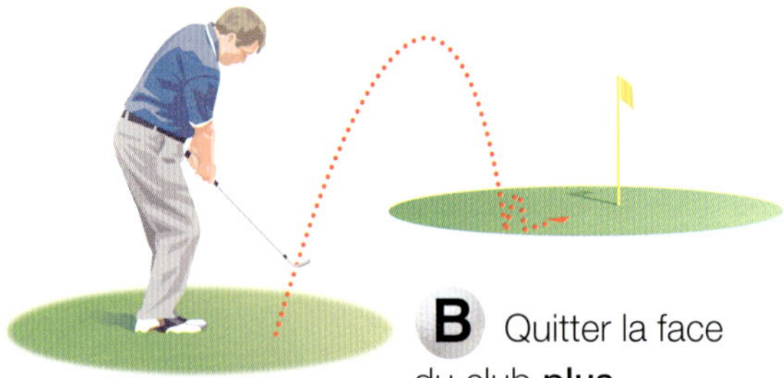

B Quitter la face du club **plus lentement** que d'habitude.

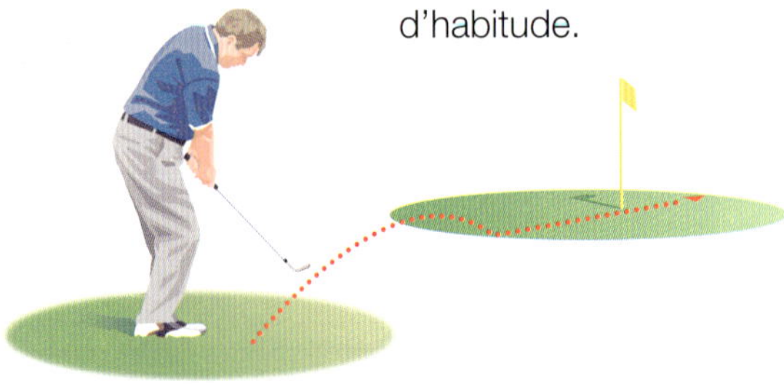

C Quitter la face du club **plus vite** que d'habitude.

Q7

Vous allez commencer à jouer et, bien qu'il ne pleuve plus, le terrain est détrempé en raison des fortes pluies de la nuit passée. Dans ce cas, le règlement exige que l'on porte les sacs. Vous décidez d'alléger votre charge en réduisant le nombre de clubs que vous emportez. Lesquels devriez-vous laisser ?

A Les **fers** longs.

B Les **bois** de parcours.

Q8

Un vent violent souffle de droite à gauche et vous devez amener votre balle sur le green dans le cadre d'un trou Par 3 situé à 150 m. Votre seule réelle possibilité de garder la balle sur le green est de tenter un fade, vous choisissez votre club. Vous optez pour :

A Le club que vous utilisez **d'habitude** pour couvrir cette distance-là.

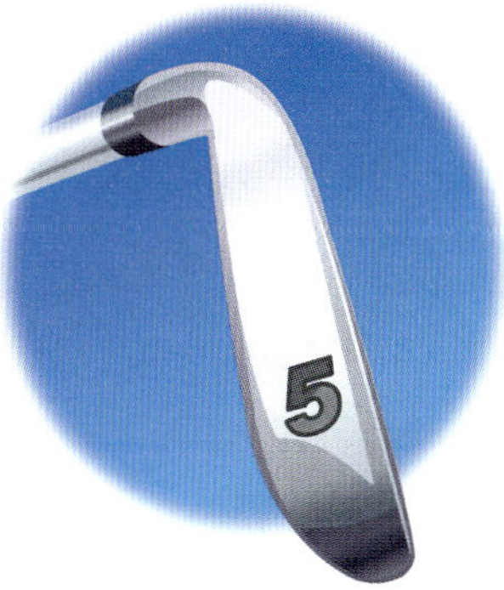

B Un club qui présente **plus de loft** que la normale.

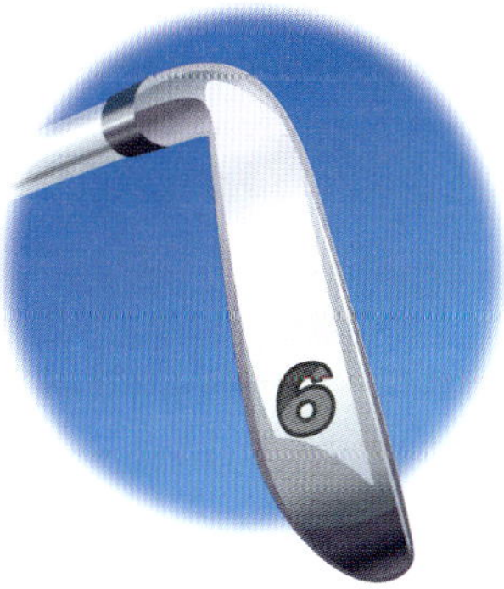

C Un club **moins lofté** que la normale.

Faites du vent votre allié chaque fois que c'est possible.

R5 Réponse A

Lorsque vous cherchez à faire parcourir une grande distance à votre balle depuis le tee alors qu'il souffle un vent latéral, faites-vous en un allié plutôt que d'essayer de lutter contre lui. Dans le cas présenté ici, visez à droite et laissez le vent ramener la balle sur le fairway. Elle atterrira avec le vent dans le dos, de sorte qu'elle roulera plus loin qu'à l'ordinaire. Ne commettez pas l'erreur de tenter un fade pour amener la balle sur le fairway. Le seul résultat que vous obtiendrez, c'est de voir le vent retenir la balle, ce qui réduira la distance parcourue dans les airs et diminuera son roulement à l'atterrissage. Si vous choisissez d'abaisser le tee, vous allez invariablement attaquer la balle avec un angle fermé, de sorte que la tête du club la frappera par en-dessous et la propulsera en hauteur. La balle sera immanquablement de courte portée et elle atterrira trop à gauche.

R6 Réponse C

L'eau va certainement s'accumuler sur la face du club lorsque vous jouerez ce coup. La balle est alors moins longtemps en contact avec le club à l'impact, ce qui diminue généralement l'effet de backspin. Attendez-vous à ce que la balle fuse plus vite qu'à l'accoutumée et qu'elle roule plus loin à l'atterrissage (ce dernier risque d'être perturbé par l'herbe mouillée sur la zone du putt). Pensez toujours à tirer partie de vos lies préférés. Enfin, n'oubliez pas de nettoyer votre balle et d'essuyer la face du club avant de jouer, cela rend l'issue du coup moins imprévisible.

Nettoyez votre balle chaque fois que c'est possible, sauf si le règlement l'interdit ce jour-là.

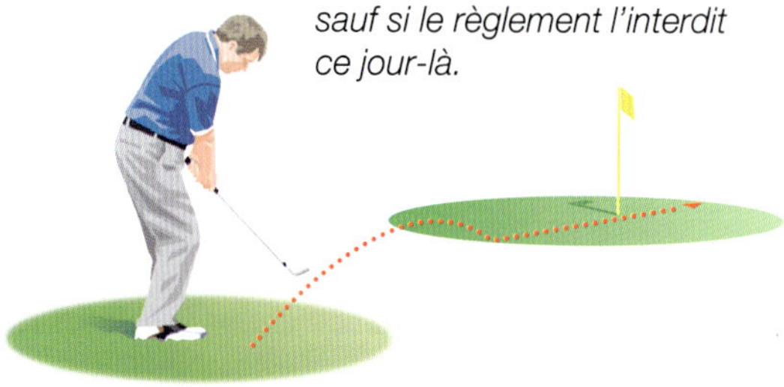

Du fait de leur conception et de leur taille, les bois loftés ont un sweetspot (c'est-à-dire la zone d'impact idéale) plus grand que les fers longs.

R7 Réponse A

La plupart des amateurs trouvent les fers longs difficiles à manier, même lorsque les conditions sont idéales. Or, ces clubs sont forcément encore moins conciliants par temps de pluie. Si on ne les tient pas correctement, le bord d'attaque de leur face peut en effet très facilement heurter le sol avant la balle, ce qui réduit à la fois la portée et la précision du coup. Les bois loftés sont plus faciles à utiliser parce que leur semelle glisse plus aisément dans l'herbe mouillée. En outre, leur centre de gravité est plus bas, ce qui facilite le décollage de la balle.

R8 Réponse C

Tout coup joué avec un effet de fade ou de slice est plus court qu'un coup normal. Dans le cas présent, il est donc préférable de choisir un club plus puissant qu'à l'ordinaire pour couvrir la distance requise. En ce qui concerne la façon de jouer le coup, le plus simple est d'adopter votre grip habituel, de tourner vos épaules, votre bassin et vos pieds vers la gauche de la cible, d'ouvrir la face du club et de la diriger vers le drapeau. En effectuant un swing parallèle à la ligne de vos pieds tout en ouvrant la face de votre club, vous obtiendrez l'effet de fade recherché.

Pour obtenir délibérément un fade, pensez à choisir un club moins lofté que d'habitude.

Stratégie

7

Quels que soient votre frappe et le niveau technique que vous ayez atteint, il vous sera pratiquement impossible de réaliser un joli score et de remporter des victoires si vous négligez tactique et stratégie. Ce sont souvent les quelques secondes passées sur chaque tee à prévoir la façon exacte de jouer le prochain trou qui font toute la différence entre un parcours plaisant et gratifiant et un véritable cauchemar. Ce chapitre va vous permettre de découvrir si vous êtes un fin stratège ou, au contraire, un joueur incapable d'échapper à des scores élevés.

7.1 Lorsque les **jeux sont faits**

Ne commettez pas l'erreur qui consiste à vouloir rivaliser avec un adversaire qui excelle au long jeu. Si les longs coups sont passionnants à jouer et à regarder, le résultat d'une partie dépend le plus souvent de la précision du jeu d'approche sur le green et du talent des joueurs en matière de putting.

Q1

Vous êtes en finale du championnat match-play de votre club et votre adversaire est un vrai tigre (il joue avec un handicap de 2, vous avez un handicap de 18). Le premier trou est un long Par 4, bordé par une rangée d'arbres sur la droite. Vous avez gagné à pile ou face le privilège de jouer le premier coup de la partie. Que devriez-vous faire ?

A Prendre votre driver et ébranler la confiance de votre adversaire en tentant un long cou pour lui prouver qu'il va avoir affaire à une **partie difficile.**

B Ne prendre **aucun risque** et choisir un fer ou un bois lofté pour ne pas rater votre drive.

Q2

Vous devez jouer votre deuxième coup en direction d'un green derrière lequel se dresse un gros bosquet en forme de fer à cheval. Vous ne connaissez pas le parcours, et bien qu'il n'y ait aucun indicateur de distance sur le terrain, vous pensez être à environ 125 m du centre du green. Vous devriez choisir :

A Le club que vous utilisez **habituellement** pour cette distance.

B Un club **plus puissant** que d'habitude.

C Un club **moins puissant** que d'habitude.

Q3

Le Par 4 que vous êtes sur le point de jouer est bordé sur tout le côté gauche par de très hauts pins. Vous en concluez que pour avoir le plus de chances de réussir votre coup, vous devez éloigner votre balle de ces arbres en effectuant un fade avec votre driver. Quelle est la hauteur dc tee idéale pour que votre balle suive la trajectoire recherchée ?

A Un tee de hauteur **normale**.

B Un tee **plus haut** que la normale.

C Un tee **plus bas** que la normale.

Q4

Ce trou est bordé à gauche par un lac sur toute sa longueur. Où estimez-vous qu'un joueur possédant un handicap moyen ou élevé devrait placer sa balle pour jouer le premier coup ?

A Sur la **gauche** de l'aire de départ.

B Au **centre** de l'aire de départ.

C Sur la **droite** de l'aire de départ.

Essayez de ne pas rater complètement votre coup en début de partie.

R1

Réponse B

Il est essentiel de bien commencer la partie et de mettre votre adversaire sous pression dès le départ. La dernière chose à faire serait de lui offrir sur un plateau un premier trou complètement raté, ce qui renforcerait sa confiance en lui et ébranlerait la vôtre. Le plus sage consiste donc à prendre un club (bois ou fer) lofté, plus maniable, avec lequel vous aurez davantage de chance d'atteindre le fairway. Si vous réussissez votre coup, vous devriez au moins être en mesure de faire le Par. Souvenez-vous aussi que, quel que soit son niveau, votre adversaire est probablement aussi nerveux que vous sur le premier tee.

R2

Réponse B

Les arbres en bosquet situés derrière le green provoquent souvent une illusion d'optique, et donnent l'impression que le drapeau est plus proche qu'il ne l'est en réalité. Si vous ne disposez d'aucune information fiable sur la distance à parcourir, l'idéal est de prendre un club plus puissant que ce que vous suggèrent vos yeux. C'est exactement le contraire qui se produit lorsque rien ne fait écran derrière le green : le drapeau apparaît alors plus loin qu'il ne l'est en réalité.

Prenez un club plus puissant (un numéro de plus au moins) pour compenser l'illusion d'optique.

R3

Réponse C

Placer la balle sur un tee bas pour la frapper avec un driver induit normalement un chemin extérieur-intérieur avec un effet fade qui dévie la balle de la gauche vers la droite. Dans le cas présent, cette solution permet d'éviter l'obstacle que représentent les arbres sur la gauche. La quantité de sidespin imprimée à la balle peut être modulée en desserrant la prise (en déplaçant légèrement les mains vers la gauche sur le club) et en orientant les pieds, le bassin et les épaules à gauche de la cible. La face du club doit être square à l'adresse.

La hauteur du tee peut influencer la quantité de sidespin imprimée à la balle.

R4

Réponse A

Les joueurs dotés d'un handicap moyen ou fort sont souvent inquiets lorsqu'ils doivent affronter des obstacles d'eau. Dans cet exemple, en plaçant la balle sur la gauche de l'aire de départ, il vous sera plus facile d'éloigner la balle de votre source de préoccupation et vous pourrez vous concentrer entièrement à l'amener sur le fairway. La plus mauvaise solution serait de placer la balle sur la droite de l'aire de départ, votre regard serait alors happé par le lac.

Pour éviter les ennuis, pensez à bien vous placer sur l'aire de départ.

7.2 Se préparer pour **l'affrontement**

La préparation et la planification de la partie sont parfois tout aussi essentielles que le jeu proprement dit. Si vous jouez sur un nouveau parcours pour la première fois, allez donc faire un tour à la boutique du club pour demander aux vendeurs s'ils ont des tuyaux à vous donner.

Q5

Lorsque se pose la délicate question de savoir si vous allez concéder des putts courts à vos adversaires en match-play, quelle est la stratégie généralement considérée comme la meilleure ?

A Concéder **tous les putts** de moins de 20 cm.

B Ne **rien** concéder du tout.

C Concéder ou non les coups **à chaque fois**.

Q6

Par une journée calme, vous devez effectuer un coup pitché de 75 m environ pour atteindre le drapeau situé au milieu d'un green tout plat. Où un joueur moyen doit-il tenter de faire atterrir la balle ?

A À **l'avant** du green.

B Au sommet du **drapeau**.

C À **l'arrière** du green.

Q7

La partie que vous jouez en match-play en individuel est à un stade critique. Vous êtes au 17e trou, et à cause d'un très mauvais coup d'approche avec votre wedge sur le trou précédent, vous avez perdu votre avantage et êtes maintenant à égalité. La partie avance très lentement, et le foursome qui vous précède vient à peine de démarrer ce 17e trou. Vous avez donc quelques minutes devant vous avant de poser votre balle sur le tee de départ.

A Vous cherchez à comprendre pourquoi vous avez réalisé un si mauvais coup et restez parfaitement **concentré** sur ce qui vous attend.

B Vous essayez de vous **détendre** en discutant avec votre adversaire ou en pensant à autre chose que le jeu.

Q8

Encore un obstacle d'eau. Votre balle doit franchir le lac pour atteindre le green situé à 140 m de là, et le drapeau se trouve à 9 m environ du début du green. Sachant qu'avec votre fer-5, vous envoyez généralement votre balle à 150 m environ, vous feriez mieux de :

A Tenter votre chance et utiliser le **fer-5**.

B Prendre le **fer-4** et modérer vos efforts.

C Utiliser un **fer-6** et frapper très fort pour être sûr de ne pas rater votre coup.

Votre adversaire ne doit pas savoir à quoi s'attendre de votre part.

R5 Réponse C

La meilleure tactique pour le putting en match-play consiste à entretenir le suspense. Si vous décidez de concéder tous les putts courts de 2 cm environ ou moins, ou bien de n'en concéder aucun, votre attitude trop prévisible aidera vos adversaires. Si vous en concédez certains, mais leur demandez parfois de terminer le trou, vos adversaires ne sauront à quel saint se vouer. Ce surcroît de stress fait que les golfeurs ratent leurs putts courts. Certains joueurs choisissent de concéder tous les putts courts en début de partie, puis de demander à leurs adversaires de terminer le trou au fur et à mesure que le jeu progresse et que la tension monte.

R6 Réponses B C

Presque tous les amateurs, à l'exception des meilleurs, commettent l'erreur de faire des coups pitchés qui arrivent très loin du drapeau, ce qui les oblige souvent à effectuer ensuite 3 putts. L'une des meilleures façons d'approcher la balle du trou de façon à ne jouer qu'un putt sur le green consiste à essayer de la faire atterrir sur le sommet du drapeau ou juste derrière. En partant du principe que personne n'envoie la balle aussi loin que prévu, cette dernière devrait donc atterrir juste avant le drapeau, et non à trois putts de là.

Il n'y a aucun intérêt à envoyer la balle loin du trou par un coup pitché.

Vous pouvez faire rebondir la balle sur la face du club, cela vous changera les idées avant de vous concentrer à nouveau pleinement sur le jeu.

R7

Réponse B

Trop réfléchir à l'erreur que vous venez de commettre ne vous aidera pas à reprendre confiance en vous pour affronter la fin de la partie. En outre, il est pratiquement impossible de se concentrer sur le jeu pendant plusieurs heures d'affilée. L'idéal est donc de profiter de cette attente pour bavarder avec votre partenaire, ou s'il ne le souhaite pas, pour esayer de penser à autre chose jusqu'au moment où vous allez pouvoir jouer votre coup sur le tee. Faites alors un gros effort de concentration.

R8

Réponse B

Le stress pousse la plupart des joueurs, surtout ceux qui ont un handicap moyen à élevé, à frapper la balle beaucoup trop fort lorsqu'ils veulent lui faire franchir un obstacle d'eau. Résultat : elle atterrit dans l'eau. Si vous savez que le club que vous utilisez est assez puissant pour couvrir la distance requise, vous allez modérer votre swing, ce qui vous permettra d'effectuer le geste fluide et harmonieux qui s'impose.

En choisissant un club plus puissant, vous parviendrez plus facilement à effectuer un geste fluide sur un tempo harmonieux pour un coup difficile.

7.3 Suivre **son instinct**

Dans une compétition, si votre coup le plus naturel est un fade, servez-vous de cet atout pour déstabiliser votre adversaire. N'essayez pas de changer de style en cours de partie, attendez pour cela d'être sur un practice ou de faire un parcours d'entraînement.

Q9

Où que se porte votre regard depuis l'aire de départ, vous ne voyez que des dangers potentiels : de l'eau à gauche, des arbres à droite et un immense bunker 150 m devant vous. Si vous vous mettez sur la droite de l'aire de départ, vous ne voyez que de l'eau, depuis la gauche, ce sont les arbres qui envahissent votre champ de vision. Si vous vous placez au milieu, vous voyez ces deux éléments, mais également le bunker droit devant vous ! Que pouvez-vous faire pour évacuer le stress au niveau de la visée ?

Q10

Grâce au jeu habile dont vous avez fait preuve face à un adversaire plus expérimenté et ayant un handicap plus faible, vous avez un point d'avance alors qu'il reste deux coups à jouer. Le trou est un Par 3 de 150 m environ, le drapeau est situé sur la gauche du green, juste derrière un bunker profond des abords du green. Vous devriez :

A Essayer de conclure la partie en envoyant la balle sur le drapeau, **au risque** de la voir atterrir dans le bunker.

B Ne prendre **aucun risque** et viser le milieu du green, en laissant à votre adversaire la possibilité d'attaquer le trou.

Q11

Une brise assez forte souffle face à vous et vous devez effectuer un coup d'approche d'environ 70 m pour atteindre le drapeau. Sachant que vous couvrez généralement une distance d'environ 80 m avec votre pitching wedge, quelle est la meilleure tactique à adopter ?

A Donner à la balle une **trajectoire basse** avec un club moins lofté.

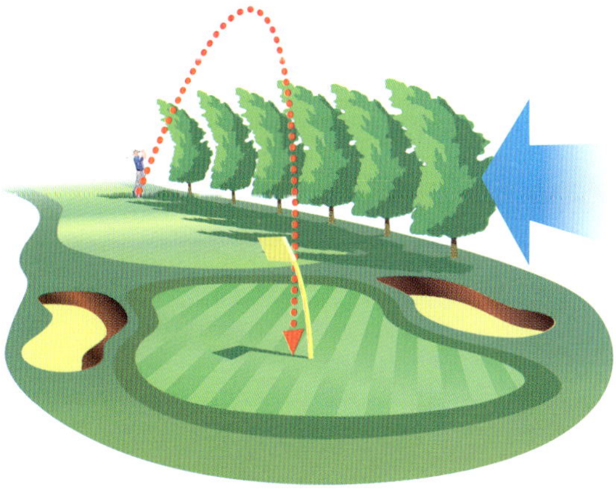

B Frappez un grand coup avec votre **pitching wedge**, car le vent debout va réduire la distance parcourue par la balle exactement comme vous le souhaitez.

Q12

Vous devez jouer votre deuxième coup dans ce Par 5, le drapeau est à un peu plus de 270 m de vous. Vous n'êtes pas capable d'envoyer la balle par-dessus l'obstacle d'eau et d'atteindre le green. Quelle est la meilleure stratégie à adopter ?

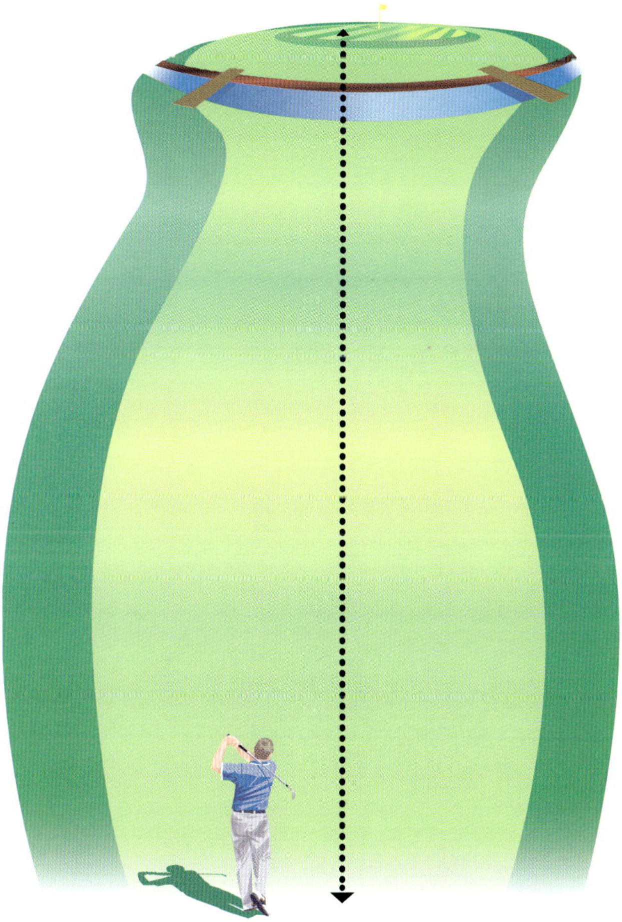

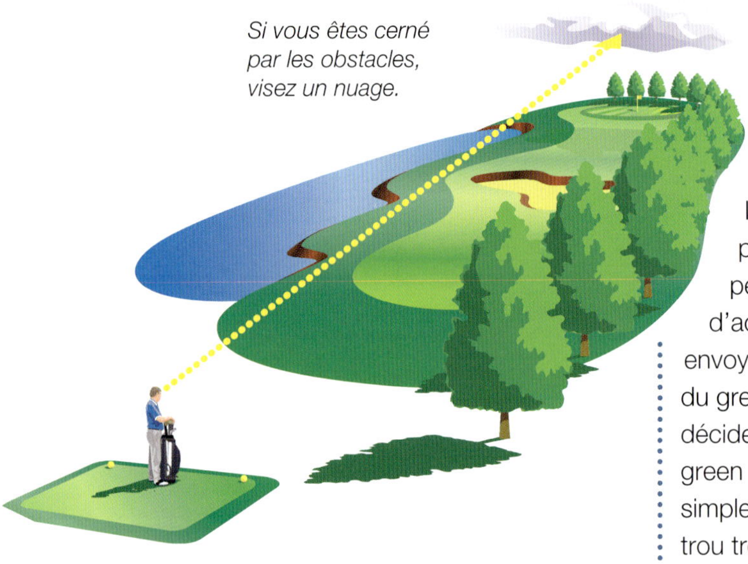

Si vous êtes cerné par les obstacles, visez un nuage.

R9 Réponse

La plupart des joueurs amateurs perdent confiance en eux lorsqu'ils sont entourés par des obstacles d'eau, de sable ou par des arbres sur l'aire de départ. Leur inquiétude les amène généralement à rater leur coup et leur balle atterrit souvent dans le premier obstacle venu. La meilleure façon d'éviter ce problème consiste à viser un point sur la ligne d'horizon vers lequel vous souhaitez voir votre balle se diriger. S'il n'y a rien à l'horizon, jetez votre dévolu sur un nuage. Le fait d'éliminer mentalement l'obstacle de votre esprit peut faire des merveilles. Lorsque vous levez les yeux après avoir effectué un beau swing fluide et harmonieux, la balle doit être en train de franchir l'affreux bunker transversal et de se diriger vers le centre du fairway.

R10 Réponse B

En 16 trous, vous avez réussi à vous imposer et à vous mettre en situation de remporter la partie, ne gâchez pas tout ! En atteignant la partie facile du green, vous aurez toutes vos chances de faire le Par, voire de réaliser un birdie. En outre, votre adversaire n'aura pas vraiment le choix : il devra tenter un coup particulièrement difficile, qui lui coûtera peut-être la victoire. Il lui faudra des nerfs d'acier pour le réussir. En revanche, si vous envoyez votre balle dans le bunker des abords du green, votre adversaire expérimenté décidera certainement de viser le centre du green et il gagnera le trou avec un Par très simple. Il arrivera sur le dernier trou très sûr de lui, alors que vous penserez que vous avez sans doute perdu la partie à cause de cette erreur tactique sur le trou précédent.

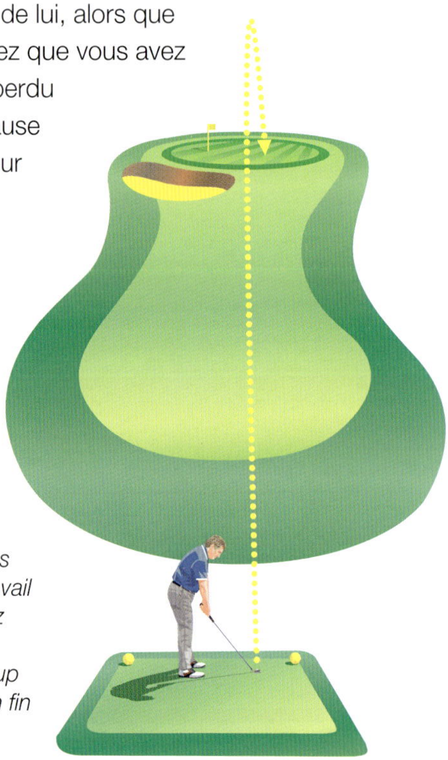

Ne gâchez pas tout le bon travail que vous avez accompli en tentant un coup très difficile en fin de partie.

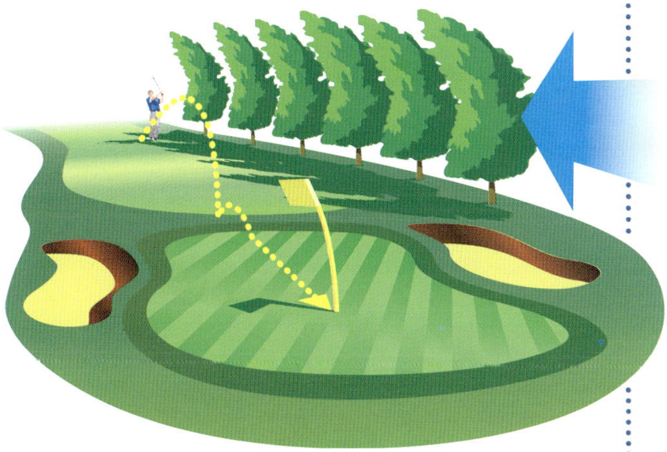

Vous avez plus de chance d'amener la balle près du drapeau en la jouant sous le vent.

R11

Réponse A

Ne frappez jamais la balle de toutes vos forces, surtout avec un wedge. Un swing trop rapide effectué avec un club lofté se traduit presque toujours par une balle déviée à gauche de la cible du fait d'une intervention trop importante des épaules seules au début de la descente. La seule solution raisonnable dans le cas présent est de prendre un club moins lofté, de mesurer vos efforts et d'envoyer la balle sur le green en la faisant passer sous le vent fort.

À chaque fois que cela est possible, essayez de vous ménager un coup avec votre club préféré.

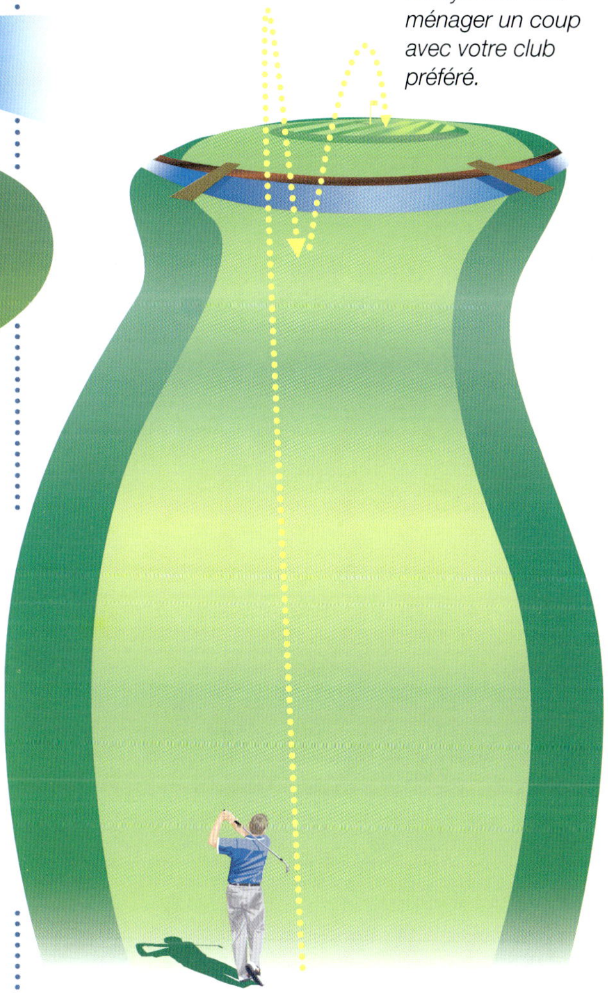

R12

Réponse

Frappez la balle avec un club qui vous permettra de l'amener en un point d'où vous pourrez atteindre le green avec votre fer préféré le coup suivant. Pour regagner confiance en soi, l'idéal est d'aborder un coup difficile avec son club préféré.

Les règles

8

Dans tout club-house qui se respecte, vous pouvez être certain que l'un des groupes réunis au bar ou autour d'une table est en train de parler des règles du golf. Il est vrai qu'aucun autre sport ne compte des réglementations aussi nombreuses et aussi complexes, qui se rapportent d'une part au jeu lui-même et d'autre part au matériel utilisé pour le pratiquer. Et vous, les connaissez-vous bien, ces règles ? C'est ce que vous allez découvrir dans ce dernier chapitre, où nous allons vous demander de jouer le rôle du juge et d'arbitrer quelques incidents susceptibles de survenir sur un parcours.

8.1 Fixer les **règles**

Les États-Unis et le Mexique dépendent de la United States Golf Association (USGA) ; le Canada est autonome ; tous les autres pays sont affiliés au Royal and Ancient Golf Club de St. Andrews en Écosse (R&A). Les cas étudiés dans ce chapitre sont valables aussi bien dans les pays régis par le R&A que pour ceux liés à l'USGA.

Q1

Un joueur découvre que sa balle a atterri à quelques centimètres d'un nid d'abeilles, entouré de centaines d'insectes très agités. Il peut jouer la balle à l'endroit où elle se trouve, mais son adversaire de match-play lui concède le trou. Le premier joueur se rend alors directement au tee suivant. Est-ce conforme au règlement ?

Q2

Pendant une compétition en simple en match-play, les deux joueurs envoient au troisième coup leur balle dans une zone de végétation épaisse. Après avoir passé les cinq minutes réglementaires à chercher les deux balles, ils se mettent d'accord : au lieu de repartir en arrière pour rejouer le coup, ils partagent le trou. Enfreignent-ils les règles ?

Q3

Dans le cadre d'un parcours joué en match-play, vous constatez que votre balle a atterri juste à côté d'un bunker, et que vous êtes obligé pour la jouer de descendre dans l'obstacle. Sans tenir compte des règles, vous posez automatiquement le club sur le sol derrière la balle puis heurtez le sable du bunker en balançant le club en arrière. Avez-vous enfreint les règles ? Si c'est le cas, quelle(s) pénalité(s) encourrez-vous ?

Q4

Au dernier tour d'un championnat de club en match-play, Jean sent la colère monter contre son adversaire Pierre : ce dernier ne cesse de regarder dans son sac pour savoir quel club il utilise pour jouer chacun des coups. Jean décide d'empêcher Pierre d'avoir accès à cette source d'information en recouvrant ses clubs d'une serviette de toilette. Pendant que Jean est occupé à jouer, Pierre déplace la serviette pour regarder quel club son adversaire a choisi. En quoi Pierre a-t-il enfreint les règles ?

A En **regardant** pour chercher des renseignements.

B En **déplaçant** le matériel de Jean pour découvrir quel club il utilise.

C **Les deux** A et B.

R1

Réponse

Évitez toute situation dangereuse en droppant la balle un peu plus loin, mais en veillant à ne pas la rapprocher du trou.

Non. Selon les règles, il n'est pas raisonnable de demander à qui que ce soit de jouer dans une situation dangereuse, et un joueur ne saurait être pénalisé pour avoir dans ce cas déclaré sa balle injouable. Le joueur peut donc dropper sa balle à l'emplacement sûr le plus proche, en veillant toutefois à ne pas la rapprocher du trou. S'il s'avère que le nid d'abeilles et la balle se trouvent dans un obstacle, la balle doit, si possible, être droppée dans le même piège. Si cela n'est pas possible, il convient de la dropper dans un obstacle similaire voisin ou bien en dehors de l'obstacle, moyennant un coup de pénalité, dans le même alignement par rapport au trou et toujours sans s'en rapprocher.

R2

Réponse

Non, il est parfaitement réglementaire de partager le trou dans ces conditions. Il en irait toutefois autrement si les joueurs se mettaient d'accord sur le tee pour partager le trou sans que l'un ou l'autre tente le moindre coup sous prétexte qu'il s'agit d'un trou particulièrement difficile. Dans ce cas, tous deux seraient disqualifiés.

Dans ce cas, les joueurs ont le droit de partager le trou.

R3 Réponse

Le règlement n'a pas été enfreint. Comme la balle elle-même ne reposait pas sur le sable, les règles habituelles concernant les bunkers ne s'appliquent pas ici. Le joueur avait donc parfaitement le droit de poser son club au sol derrière la balle à l'adresse et de toucher le sable de l'obstacle pendant le backswing.

Dans ce cas, le joueur a le droit de toucher le sable avec son club parce que la balle se trouve en dehors du bunker.

Les joueurs n'ont pas le droit de faire le moindre geste pour glaner des renseignements.

R4 Réponse B

Pierre a parfaitement le droit de regarder dans le sac de Jean pour savoir quel club ce dernier utilise pour amener sa balle sur le green. Il n'est pas interdit de glaner des renseignements de cette façon. En revanche, il a enfreint les règles en déplaçant la serviette de toilette qui recouvrait les clubs dans le sac de son adversaire. Les joueurs n'ont en effet pas le droit de faire le moindre geste pour se procurer des informations, de sorte que Pierre perd automatiquement le trou. S'il s'était agi d'une compétition en stroke-play, il aurait eu deux points de pénalité.

8.2 Le matériel peut être déclaré **non conforme**

Les fabricants doivent soumettre les clubs et balles qu'ils veulent commercialiser à des instances appropriées, habilitées par l'une des grandes fédérations (R&A ou USGA) à les déclarer conformes ou non aux règles de golf. Le matériel n'ayant pas subi ces tests de conformité peut être interdit en compétition.

Q5

Un joueur constate que sa balle a atterri près d'un piquet blanc matérialisant les limites du terrain. Bien que la balle elle-même ne soit pas en dehors des limites, le piquet le gêne pour effectuer son swing. Comme il est assez facile de déterrer le piquet, il le retire, joue son coup puis le remet en place. Cette manœuvre est-elle autorisée ?

Q6

Après avoir joué son deuxième coup depuis le fairway, un joueur pense que sa balle a sans doute atterri dans un obstacle d'eau. Utilisant une des possibilités que lui offre la règle 26-1a, il rejoue le coup du même endroit avec une autre balle. Il avance ensuite vers l'obstacle et se rend compte que sa première balle a atterri juste avant l'étendue d'eau, et qu'elle est jouable. Que prévoit le règlement ?

Q7

Une compétition en stroke-play est interrompue par le comité en raison de la foudre. Le comité donne ensuite l'ordre de recommencer à jouer, mais l'un des joueurs, qui avait été favorisé par la décision du comité lorsque la foudre était tombé près de lui, prétend que le danger n'est pas écarté et refuse de revenir sur le terrain. Que prévoient les règles ?

Q8

Après avoir terminé un trou dans une importante compétition en stroke-play, deux joueurs s'aperçoivent qu'ils ont inversé leurs balles. Ils sont absolument certains cependant que la balle qu'ils ont en main est celle avec laquelle ils ont joué ce trou-là depuis le tee de départ. La seule explication possible, c'est qu'ils ont échangé leurs balles par inadvertance soit en jouant le trou précédent, soit entre les deux trous. Ont-ils enfreint les règles et si oui, quelles pénalités encourent-ils ?

Q9

Une balle atterrit en un point séparé du trou par un bunker. Le joueur s'avance jusqu'à l'obstacle, puis descend dans le bunker pour enlever un râteau qui se trouve dans l'alignement du trou et pour analyser le lie du terrain entre le bunker et le trou. En revenant vers sa balle, il se sert du râteau pour effacer ses traces de pas de façon que quiconque envoie sa balle dans le sable ait un lie correct. A-t-il enfreint les règles ?

8.2 Le matériel peut être déclaré **non conforme**

Il est interdit de déplacer sur le parcours tout objet déclaré inamovible.

R5 Réponse

Non, ce n'est pas possible. Les piquets qui délimitent le terrain sont classés inamovibles, et il est interdit de déplacer quoi que ce soit sur le parcours qui réponde à cette classification. La pénalité encourue en stroke-play est de deux coups, tandis qu'en match-play le joueur perd le trou. Même si le joueur se rend compte qu'il a commis une erreur et s'il remet le piquet en place avant de jouer son coup, on considère qu'il a néanmoins enfreint les règles et il est soumis aux mêmes pénalités.

R6 Réponse

Le joueur n'ayant pu juger correctement si sa première balle était tombée dans l'eau ou non, cette balle est déclarée perdue et la seconde devient la balle en jeu, avec un coup de pénalité .

R7 Réponse

Les règles de golf autorisent les joueurs à interrompre une compétition s'ils s'estiment menacés par la foudre. Les comités ont le devoir de ne pas prendre le risque d'exposer les joueurs à un quelconque danger. Si le comité considère que le danger est écarté et qu'il n'y a plus de risque de voir la foudre frapper, il peut ordonner la reprise du jeu et disqualifier un joueur qui refuse de continuer la partie.

Le comité doit s'attacher à ne faire courir aucun risque aux joueurs.

R8

Réponse

Comme il est impossible de déterminer de façon certaine si l'échange de balles a eu lieu sur un trou particulier, les règles stipulent d'accorder aux joueurs le bénéfice du doute. On considère de ce fait que l'échange de balles a dû se produire entre deux trous, et les joueurs s'en tirent sans aucune pénalité.

Marquez vos balles pour éviter tout risque de confusion.

Si vous voulez ratisser la sable d'un bunker, jouez d'abord votre coup.

R9

Réponse

Oui. Un joueur qui détériore le terrain qui s'étend entre sa balle et le trou n'a pas le droit de le remettre en état. Dans le cadre d'une compétition en match-play, il perdrait le trou, tandis qu'il aurait deux points de pénalité en stroke-play. Pour éviter les pénalités et respecter l'étiquette, il aurait dû jouer le coup avant de ratisser le bunker pour effacer les traces de pas qu'il y avait laissées, puis remettre le râteau là où il se trouvait au départ.

8.3 Achetez votre **propre exemplaire**

Vous trouverez en principe les règles de golf à la boutique de votre club ainsi qu'en librairie. Si vous souhaitez approfondir le sujet, il existe plusieurs excellents ouvrages qui proposent l'étude de cas concrets et analysent des décisions prises à propos de la réglementation.

Q10

Dans une compétition en stroke-play, le joueur A marche sur le fairway en direction du 7e green. Il trouve une balle jouée par quelqu'un qui évolue sur un trou adjacent. À ce stade, ce joueur (le joueur B) l'a déclarée perdue. Il a choisi de continuer la partie avec une autre balle et se dirige vers le green de son trou. Le joueur A appelle le joueur B pour lui dire qu'il a trouvé la balle et le joueur B lui demande de la lui rendre. Le joueur B étant trop loin pour que le joueur A puisse lui lancer la balle à la main, ce dernier prend un fer dans son sac pour la renvoyer à son propriétaire. Cette marque de courtoisie peut-elle lui coûter une pénalité ?

Q11

Un joueur réussit un drive très long mais complètement dévié par rapport à la cible. La balle n'est pas en dehors des limites, mais elle a atterri derrière une petite construction où le matériel est entreposé ; ce local bloque complètement l'accès direct au green. Le joueur pense qu'en ouvrant la porte et l'une des fenêtres du local, il pourra jouer de façon à ce que sa balle le traverse et atteigne le green. A-t-il le droit de le faire ?

Q12

Dans le cadre d'une compétition informelle entre divers services d'une société, un joueur décide, une fois qu'il a fini de jouer, de faire une « blague » à ses collègues encore sur le parcours. Il se cache derrière un arbre et, tandis que ses collègues passent derrière un épais bosquet après avoir joué leur premier coup, il sort de sa cachette, retire le drapeau du trou et le plante dans le green à plusieurs mètres de là. Lorsque ses collègues sont à nouveau en vue, il a déjà accompli son mauvais tour et se dirige vers le club-house comme si de rien n'était. Les joueurs envoient leur balle vers le drapeau, puis découvrent le mauvais tour que vient de leur jouer leur collègue. Peuvent-ils rejouer ce coup en replaçant leur balle à sa position initiale ?

Q13

L'un des joueurs (le joueur X) d'un quatre-balles marque sa balle à 7,5 cm de sa position réelle sur le green, en expliquant qu'ainsi, il ne risquera pas de la déplacer accidentellement et d'encourir une pénalité comme les règles le prévoient. Selon l'un des autres joueurs (le joueur Y, qui se défend d'accuser le joueur X d'avoir des arrière-pensées) ce dernier a tort de marquer sa balle ainsi. Qui a raison et pourquoi ?

Q14

Une balle atterrit dans une étendue d'eau peu profonde située dans une zone qui se trouve très nettement à l'intérieur d'un obstacle d'eau. Toutefois, le joueur prétend que, comme les piquets étaient mal placés, sa balle se trouve en fait dans une eau fortuite et qu'il n'est donc pas soumis aux règles concernant les obstacles d'eau. Il affirme avoir de ce fait droit à dropper sans pénalité hors de l'eau. Est-ce exact ?

Q15

Un joueur place habituellement un morceau de ruban adhésif plombé au dos de son driver pour alourdir le club et améliorer ses performances. Les drives qu'il effectue sur les deux premiers trous ont une trajectoire complètement aléatoire. Après le deuxième coup raté, il se rend compte que le ruban adhésif s'est détaché du club et qu'il est au fond de son sac. Il recolle alors le ruban plombé au dos de son driver, et reprend la partie avec de bien meilleurs résultats. A-t-il enfreint les règles ?

R10

Réponse

Bien qu'il participe à une compétition et que certains pourraient qualifier ce coup de coup d'entraînement, vous serez sans aucun doute heureux d'apprendre que le joueur A ne sera pas sanctionné pour son geste. Dans la mesure où il a agi par pure courtoisie, les règles considèrent que son geste est parfaitement acceptable et qu'il ne justifie aucune pénalité.

R11

Réponse

Oui. Bien que le local des green-keepers soit officiellement classé par les règles de golf parmi les obstacles inamovibles, ses portes et fenêtres en revanche sont considérées amovibles, de sorte qu'il est possible de les ouvrir. On serait parvenu exactement à la même conclusion si la balle avait atterri en un point séparé du trou par le club-house.

R12

Réponse

Bien que la mauvaise plaisanterie du joueur ait réduit à néant les chances de ses collègues de réaliser un bon score sur ce trou, ces derniers ne peuvent pas remettre le drapeau en place et rejouer leurs coups d'approche. Ils doivent accepter l'avantage ou l'inconvénient que représente le mauvais tour de leur collègue.

Les victimes de cette plaisanterie douteuse n'ont pas le choix : ils doivent avoir le sens de l'humour et continuer la partie en l'état.

R13

Réponse

Le joueur Y a parfaitement raison. On considère qu'en marquant sa balle à 7,5 cm derrière sa position effective, le joueur X ne l'a pas marquée de façon assez précise. Le joueur X encourt donc un coup de pénalité à chaque fois qu'il marque sa balle ainsi. Incidemment, les craintes du joueur X , qui redoutait d'être pénalisé s'il déplaçait sa balle en la marquant, sont infondées. On n'encourt en effet aucune pénalité lorsque l'on déplace sa balle par inadvertance en la marquant ou lorsqu'on la soulève conformément à la réglementation.

R14

Non, il n'a pas droit à un free drop comme s'il s'agissait d'une eau fortuite. Bien que le comité ait réalisé l'erreur ne pas délimiter clairement l'obstacle d'eau en plaçant correctement les piquets, les règles ne donnent pas aux joueurs la possibilité de profiter de la situation. Dans la mesure où il était parfaitement clair que la balle se trouvait dans les limites naturelles de l'obstacle, la demande du joueur n'est pas recevable.

Comme il était évident que la balle avait atterri dans les limites naturelles de l'obstacle d'eau, le joueur ne peut bénéficier d'un drop sans pénalité.

R15

Réponse

Comme il a commencé la partie avec un driver sans ruban plombé, ce joueur a enfreint les règles selon lesquelles les caractéristiques de jeu d'un club ne peuvent être modifiées en cours de partie. Il est donc passible de disqualification. En revanche, si le ruban s'était décollé en cours de partie et dans des conditions normales de jeu, le joueur aurait été autorisé à le recoller à l'endroit exact où il se trouvait au départ.

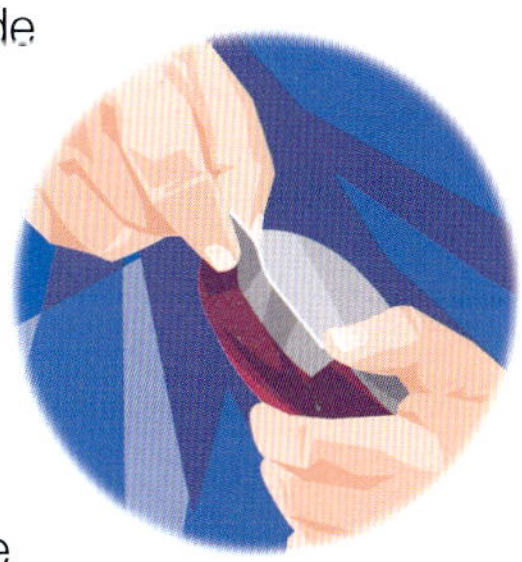

Un malentendu fréquent à propos de cette règle concerne l'application d'un ruban adhésif sur la tête d'un club en cours de partie pour limiter la réverbération du soleil. Cette mesure est, elle, autorisée car on considère qu'alors, le ruban ne modifie pas les caractéristiques de jeu du club.

Il est interdit de modifier les caractéristiques d'un club en cours de partie.

Index

Les numéros de page en *italique* se rapportent aux légendes.

Index

CRÉDITS

L'éditeur tient à remercier le magazine *Today's Golfer* et l'agence EMAP Active, de Peterborough (Royaume-Uni), qui ont fourni les photographies reproduites dans cet ouvrage aux pages suivantes : 2, 7, 16, 44-45, 76-77, 79, 81 et 90-91.

Toutes les autres photographies et illustrations ont été réalisées pour cet ouvrage :

L'éditeur et les auteurs souhaitent également remercier le Stoke Park Club de Stoke Poges (Buckinghamshire) qui a accepté que ses parcours soient photographiés.

Si, malgré notre vigilance, certains photographes et illustrateurs n'ont pas été cités, qu'ils veuillent bien ne pas nous en tenir rigueur et accepter nos excuses.